フランス伝統料理の継承

Le Club de L'Héritage Culinaire Français

石井 剛／手島純也／関谷健一朗／ルノー・オージエ

伊藤 翔／栗田雄平／中秋陽一／福田耕平／森永宣行

旭屋出版

目次　Contenu

本書発刊に寄せて　上柿元 勝 —————— 006

「クラブ・エリタージュ」への期待　齋藤壽 —————— 007

座談会
未来に向かう「伝統的フランス料理」の継承
石井 剛×手島純也×関谷健一朗 —————— 008

Monolith
モノリス

石井 剛 ———————————— 012

- 舌平目のクレオパトラ風 …014
  Filet de sole à la Cléopâtre

- 鵜と天使の海老と
  帆立貝と豚肉のパイ包み焼き …018
  Pithiviers de caille, crevettes,
  Saint-Jacques et porc

- リエーヴル・ア・ラ・ロワイヤル
  セナトゥール・クトー風 …022
  Lièvre à la Royale façon Sénateur Couteaux

- フォワグラのロースト
  エピス風味 ソース・ヴェルジュ …026
  Foie gras poêlé aux épices et sauce verjus

- ブフ・ア・ラ・フィセル
  ソース・ボルドレーズ …030
  Bœuf à la ficelle, sauce bordelaise

- オマールブルー
  ソース・アメリケーヌ
  モリーユ茸のフリカッセ添え …034
  Homard bleu à l'américaine, fricassée de morilles

- モノリス・クレープ …038
  Crêpe à ma façon Monolith

Chez Inno
シェ・イノ

手島純也 ———————————— 042

- 透明なスープ・ド・ポワソン …044
  Soupe de poisson clarifiée

- 舌平目のアルベール風 …048
  Filet de sole Albert

- 鮑のショーソン …052
  Chausson d'ormeaux

- フォワグラのトーション テリーヌ仕立て …056
  Foie gras cuit au torchon

- 牛ヒレ肉のロッシーニ風 …060
  Filet de bœuf Rossini

- オマール海老のアスピック …064
  Aspic de homard

- いちじくの赤ワイン煮 スパイス風味 …068
  Figues confites au vin rouge

Château Restaurant Joël Robuchon
シャトーレストラン ジョエル・ロブション

関谷健一朗 ———————————— 072

- 北海道産エイのポシェ
  梅干しで酸味を効かせた
  ブール・ノワゼットと共に …074
  La Raie servie avec un beurre noisette
  à la prune salée et au riz croustillant

- プーラルドの"コルドン・ブルー"
  黒トリュフとペコロスのグラッセをあしらって …078
  La Poularde le blanc en duo-mêlé
  de jambon blanc de Paris et gruyère,
  fine croûte de pain de mie dorée

- 舌平目のチュルバン
シャトー・シャロン風味の
オマルディーヌソースと共に …082
　Le Turban de sole avec une sauce homardine
　au suc de Château-Chalon

- なめらかなフォワグラのロワイヤルに
玉蜀黍のヴルーテを注いで …086
　Le Foie Gras de canard crémeux en royal
　sous un velouté de maïs et croûtons dorés

- フランス リムーザン産 牛フィレ肉の
ソトワール 黒コショウ風味 …090
　Le Filet de Bœuf cuit au sautoir relevé d'un concassé
　de poivre de Malabar et de son parmentier gratiné au Comté

- オマール海老と
薫り高い黒トリュフのココット …094
　Le Homard en cocotte lutée aux truffes noires
　et châtaignes confites

- ウフ・ア・ラ・ネージュの王冠仕立て
シャリュトリューズのムースと
ピスタチオをアクセントに …098
　La Couronne d'œufs à la neige glacée à blanc,
　compotée de kiwis et pommes,
　mousse de Chartreuse Verte pistachée

Tour d'Argent Tokyo
トゥールダルジャン 東京

ルノー・オージエ————— 102

- オンブルシュヴァリエのショーフロア
加賀太キュウリのマリネと
旬菜のジャルディニエール … 104
　Omble chevalier à la cressonnière
　Kaga futokyuri mariné à la sauce gribiche et coulis d'oseille

- カルディナール風 リ・ドゥ・ヴォーのブレゼ
燻香ビスクソース … 108
　Ris de veau braisé façon Cardinal dans une fine coque de farce
　sauce bisque liée au jus de presse

- 大分県産仔山羊のロースト プロヴァンス風
清爽なズッキーニのコンフィと
タジャスカ産オリーブと蕪のブレゼ … 112
　Chevreau d'Oita à la Provençale,
　courgettes vertes confites à l'huile de sarriette
　et petit farci de navet aux olives noires

- フォアグラのポシェ 干し草の芳香
ドフィネ風ラヴィオリと
彩り豊かなキャロットヴィシー … 116
　Foie gras de canard poché dans un bouillon de foin
　raviole du Dauphiné et carotte de couleurs à la Vichy

- あか牛のフィレ肉 備長炭グリエ
シャトーブリアンソース
トマトとジロル茸のポルトガル風カネロニ … 120
　Filet de boeuf grillé à la Chateaubriand
　fondue de tomates à la Portugaise et girolles bordelaises

- オマール海老のスフレ ブールブランソース
モン・サン=ミッシェルのムール貝と
グリーンピースのラグー
南仏野菜のマレシェール … 124
　Homard bleu en soufflé, sauce beurre blanc,
　petits pois à la Française aux moules

- エキゾチックフルーツのアスピック
パヴォロヴァ M.O.F.2019 … 128
　Pavlova, aspic de mangue et papaye
　réalisation Renaud Augier pour le M.O.F. 2019

Dominique Bouchet Tokyo
ドミニク・ブシェ トーキョー

伊藤 翔————— 132

- ガレット・ド・ピエ・ド・コション … 134
　Galette de pied de cochon

- ロニョンとリ・ド・ヴォーのタンバル … 138
　Timbale de rognon et ris de veau

- 帆立貝のクネル ソース・ボンファム …142
  Quenelle de Saint-Jacques sauce Bonne Femme

- フォワグラのコンフィ ブーダンノワール …146
  Foie gras confit et Boudin noir

- 牛フィレのロティ
  ポムスフレ ソースキャトルポワーヴル …150
  Filet de bœuf rôti, pommes soufflées, sauce quatre poivres

- オマールのパルマンティエ
  ブールブランソース …154
  Parmentier de homard sauce beurre blanc au caviar

- スフレ・カフェ …158
  Soufflé au café glace chocolat

Ginza L'ecrin
銀座レカン
栗田雄平 ———————— 162

- 網獲り仔鴨のトゥルト …164
  Tourte de sarcelle

- 仔鳩のシャルトリューズ …168
  Pigeonneau en chartreuse

- 舌平目のブレゼ デュグレレ風 …172
  Coussin de sole Dugléré

- フォワグラとトルチュのアスピック …176
  Aspic de foie gras et tortue

- 上州牛フィレ肉のポワレ あみがさ茸添え …180
  Filet de boeuf poêlé aux morilles

- オマールブルーのグラッセ
  ブーダンノワールとアマレットの香る
  クレーム・ド・オマール シヴェのイメージを …184
  Homard bleu glacé, boudin noir et crème de homard
  à l'amaretto comme un civet de homard

- クレープシュゼット …188
  Crêpe Suzette

à table
ア・ターブル
中秋陽一 ———————— 192

- パテ・クルート・オーバル …194
  Pâté en croûte ovale

- キンキのファルシ …198
  Poisson farci aux Saint-Jacques, sauce soupe de poisson

- リエーヴル・ア・ラ・ロワイヤル …202
  Lièvre à la royale

- 牛タンとフォワグラのルクルス …206
  Lucullus de Valenciennes

- 四万十麦酒牛フィレ肉とフォワグラ、
  黒トリュフのパイ包み …210
  Bœuf en croûte façon Rossini

- オマールのヴォローヴァン …214
  Vol-au-vent au homard

- プラリネのミルフィーユ …218
  Mille-feuille praliné

Metzgerei Sasaki
メッツゲライササキ
福田耕平 ———————— 222

- パテ・クルート …224
  Pâté en croûte

- シュー・ファルシ …228
  Chou farci

- ジャンボン・ペルシエ …232
  Jambon persillé

- ブリオッシュ・ド・フォワグラ …236
  Brioche de foie gras

- ポ・ト・フー …240
  Pot-au-feu

- オマール海老のクネル …244
  Quenelles de homard

- ピティヴィエ・フィユテ …248
  Pithiviers feuilleté

- オマールブルトン ニューバーグ …274
  Homard Breton Newburg

- そば粉のガレット "ザ・ブルターニュ" …278
  THE BRETAGNE

カネナカ水産 中井一統 × シェ・イノ 手島純也 ——— 282

Les menbres du Club de l'Héritage
Culinaire Français ——— 290

Droit
ドロワ

森永宣行 ——————— 252

- 鱒のポム・アンクルート
  ソース・ジュヌヴォワーズ …254
  Truite en croûte de pommes de terre
  et pâte de FU aux pistaches, sauce genevoise

- 米のクルスタッド フェザンのピュレ
  ソース・シャンパーニュ・オ・トリュフ …258
  Croustade de riz, purée de faisan,
  sauce champagne et truffe

- リ・ド・ヴォーと牡蠣のコンビネゾン
  ソース・オ・ソーテルヌ …262
  Combinaison de ris de veau et huître,
  sauce au Sauternes

- 鮎のガトー仕立て …266
  Gâteau d'ayu

- トゥルヌド アンリ4世 …270
  Tournedos Henri IV

本書発刊に寄せて

料理人　上柿元 勝

　私自身、まだ50年しか料理にかかわっていませんので、フランス料理はどうあるべきか、料理法、味付けや盛り付けについてほんとうにこれで良いのか、迷い、悩みながらの毎日です。

　偉大な先人たちが「エスコフィエ」の名とともに料理法を学び、価値観は普遍的で体系は変わらないと思います。それは古典料理として残り、次世代に伝承し、料理は時代とともに変化しています。

　師である、アラン・シャペル氏やジャック・ピック氏は修業時代、私にこう言いました。「カミーユ、よく聞け、コストではなく最高の食材を使い、客が一番よろこぶ仕事をしろ。基本が一番だ」。

　魚・肉料理でたっぷりのバターで「アロゼ」の毎日でした。

　パテやテリーヌも習得しました。そのことから料理はその国々の風土を知り、クラシックな技法を必要とし、その時代の背景から生み出されることを学びました。毎日の料理作りにおいて変化と進歩が何回も繰り返され、現在があります。

　時代ごとにシェフたちが次の後継者を育て、時代に沿ったフランス料理を継続して文化として発信することが重要であります。

　トラディショナルは地方料理や伝統料理のエリタージュであり、これからの日本のフランス料理の進むべき道の一つであると思います。フランス料理を目指す人たちに、ぜひ、読んでいただきたい1冊です。

「クラブ・エリタージュ」への期待

「料理王国」創刊編集長　齋藤壽

　今から半世紀前、フランス料理のシェフの傍には必ず『レペルトワール・ド・ラ・キュイジーヌ』という本が置かれていた。フランス料理を集大成したオーギュスト・エスコフィエの名著『料理の手引き Le Guide Culinaire』の内容を要覧としてまとめたものだ。

　シェフはメニューを考えるときにこの本を捲りながら料理を決めた。つまり、この本さえあれば、メニューを決めることができた。

　そう、バイブルのようなものだった。

　しかし時代とともにこのバイブルに重圧を感じて、もっと自由に自分が作りたい料理を表現したいと声を上げるシェフが現れ始めた。

　ヌーヴェル・キュイジーヌの時代の到来だ。

　この半世紀、フランス料理を修業してきた日本の料理人も、この流れを追いかけながら、日本にフランス料理のすばらしさを定着させようと努力してきた。

　フランス料理は論理的に構築された世界だ。基礎をしっかり学んで初めて自分なりの表現が可能となる。この膨大な量の世界をクリアした料理人だけが質を追求することができる。

　そんな志を持ったシェフたちが「クラブ・エリタージュ」という研鑽の会を結成して、このたびその世界を世に問う本を上梓するという。

　大いに期待したい。

未来に向かう「伝統的フランス料理」の継承

シェ・イノ
手島純也
副会長

×

モノリス
石井 剛
会長

×

シャトーレストラン ジョエル・ロブション
関谷健一朗
副会長

古き良き技術や文化をより進化させる

石井 クラブ・ドゥ・レリタージュ・キュリネール・フランセ（Club de l'Héritage Culinaire Français）、通称「クラブ・エリタージュ」は、2023年8月、「伝統的フランス料理」の継承を目的に、9名のシェフにより立ち上げられました。このクラブでは、一般的に混同されがちな「古典」と「クラシック」のフランス料理を「伝統的フランス料理」と統一して定義しています。本書では、9名のメンバーがそれぞれ、「伝統的フランス料理」のレシピ、オリジナル料理3品、フランス料理の定番の食材、フォワグラ、牛フィレ、オマール海老を使った料理7品ずつ計63品を紹介しています。

手島 和歌山の「hôtel de yoshino」で仕事をしていたときは、クラシックなフランス料理を懸命に発信してきました。現在、世界的なフランス料理の潮流がイノベーティブに向かっています。古典のフランス料理がすたれていくことは止めたい。微力でありながら、作り手にも食べ手にも「伝統的フランス料理」を伝えていくことをライフワークにすると決めました。ただ、1人で進めることには限界を感じたため、「ネオクラシック」をコンセプトに掲げる石井シェフに相談したんです。

石井 その話をうかがって素直にうれしかったですね。40代の同年代で、同じ系統のフランス料理を発信しているシェフとして面識のないころから親近

感を持っており、同じ方向を目指していると認識していました。手島シェフの提案は、その場で賛同させていただき、クラブを発足するに至りました。

関谷　石井シェフのフランス料理に対する情熱に賛同するところが多々ありました。手島シェフは、同時期にフランスで仕事をしていましたので共感するところも多いですし、和歌山の「hôtel de yoshino」から東京の「シェ・イノ」に移る際の決意にも感銘を受けました。偉大なシェフの料理を次世代に残していく使命があり、「伝統的なフランス料理」をこれからの世代の作り手にも食べ手にも伝えていく使命を負っている。同じ境遇にいる立場として、一緒に活動していきたいと賛同しました。

手島　先輩たちが死ぬ思いで技術や知識を日本に持って帰ってくれた歴史があって、日本にフランス料理を定着させることができた。それを下の世代に伝えないと、おそらく技術も文化もすたれていくだろうと危惧していたんですね。

石井　オープン当時から「ネオクラシック」という言葉を使っていましたが、ようやく認知されるようになってきたように感じています。古き良きものはいつまでたっても残っていくことが当たり前だと思いますが、さらに進化を求めていかないといずれ消滅してしまうでしょう。

関谷　「伝統的フランス料理」のみならず、優れた技術・知識・経験は、次の世代に伝えて繋げていかなければならない。M.O.F.（Meilleur Ouvrier de France 国家最優秀職人章）を受章したことで、そうした役割をフランスから託されたととらえています。フランスでも、"Transmettre"（伝承する）という言葉がよく

使われますが、その考え方がこのクラブの趣旨です。

石井　具体的に予定している活動としまして、プロフェッショナル会員と一般会員、2種類の会員を募集します。プロフェッショナル会員は、若い世代の料理人対象、一般会員は、食べ手のお客様です。「伝統的フランス料理」のすばらしさを知っていただきたいと願っています。

手島　第一回目として大きな講習会を開催しましたが、少ない人数で料理人の技術を目の前で見ることができ、質疑応答しながら進行する小規模の講習を開く構想もあります。食べ手の方には、メンバーのシェフ全員参加の賞味会を考えています。多くの方にお集まりいただく会と、シェフが料理の背景などを解説する小規模の会を開く計画もあります。

関谷　また、会の名前を「キュリネール・フランセ」にしたのは大切なところです。料理人だけではなく、飲食業界全体が含まれます。現在のメンバーは料理人だけなのですが、将来的には、サービススタッフ、パティシエ、ソムリエなどレストランで働くすべての業種が一緒に活動を進めていけるようにしたいですね。

「伝統的フランス料理」に惹かれる理由

手島　「伝統的なフランス料理」と呼ばれるタイプの料理が若い頃から圧倒的に好きで、自分でもそうした料理を目指してきました。なかでも、記憶に残る料理が3つあるのですが、マリア・カラス、「オ・コション・ローズ」井上知城シェフのクー・ド・ブフ、「ステラマリス」吉野建シェフのジビエのトゥルト。吉野シェフに師事したきっかけになった料理です。

石井　初めてフランスに行ったのが1992年で、98

年に再渡仏したのですが、98年ころからスペインの「エル・ブジ」が脚光を浴び始めて、そのころからフランス料理も変わってきたんです。それでも伝統的フランス料理に惹かれて、新しい前衛的な料理はしっくりこなかった。まず、ソースが大好きなんです。素材があって、素材の骨や骨筋からフォンをとって、凝縮した旨みのエキスをソースとして作り上げる。そして皿の中で一体化させて、肉や魚をもとの一個体にもどす。それがフランス料理に惹かれた一番の理由だと思っています。フランスで感動した料理といえば、「グルーズ」のパテ・アン・クルートアレクサンドル・デュメーヌ風です。自分でもパテ・クルートを作りますが、あの味は超えられません。そういう感動体験も「伝統的フランス料理」に惹かれる理由ですね。

関谷　自分にとって記憶に残る料理は、「ロブション」で仕事をするきっかけとなった、鳩とフォワグラをキャベツで包んで火を入れたスペシャリテ。この料理を作れるようになりたいと思ったことが、現在のキャリアに繋がっています。もともと長い時間をかけて身につけた技術や知識、経験が生み出す職人仕事が好きなんですが、そうしたベースに根ざした料理が「伝統的なフランス料理」だと認識しています。初めてミシュランの三つ星レストランを訪れたのがリヨンの「ポール・ボキューズ」で、ムッシュ・ポールがいらっしゃって、料理を説明してくださったり、キッチンを案内してくださったりした記憶は、今も大きく刻まれています。トリコロールの襟のコックコートもよく覚えていますし、潜在意識の中で目指したところは、そこだったのかもしれないですね。

石井　フランスでは、いろいろなお店で働かせていただきましたが、25、6歳ぐらいのころ、三つ星の「ジョルジュ・ブラン」で働いているときに、当時、17歳ぐらいのルノー・オージエがアプランティ（見習い）としてきたんです。その後、サン＝テミリオンの一つ星レストランに移ったのですが、同じ仕事場で再会。今回はその縁もあり、現在、「トゥールダルジャン 東京」でシェフをしているルノーにもクラブメンバーとして加わってもらいました。

手島　メンバーは、古典的なフランス料理を手掛けている実力者に集まってもらいました。フランス料理の基礎は、結局は、個人で勉強しないと身に付かない。給料が少ないなかで専門書を買って勉強しました。実際作っているときに、あの本に書いてあった、こういうことなんだ、と気がつく。そういうことを繰り返して学んでいきました。

石井　本から勉強することに加えてシェフのもとで、そのシェフの考え方や哲学をしっかり学ぶことも大切なことだと思います。その上で、食べ歩きはそれに匹敵するぐらい重要です。技術、知識があり、"これを作ってみなさい"と言われると、作ることはできるのですが、味がついてこない場合がある。舌から味を思い出させることも必要です。

関谷　僕たちもまだまだ勉強しなければいけないことがたくさんあります。料理を作って、完璧だと思ったら終わりです。日々、何か新しい発見があります。今日はこれで良かったと思ったけど明日になったらやっぱりこうしようとか、一歩進んで二歩下がることを繰り返す。とにかく継続していくしかないですよね。

手島　本を読んでシェフの哲学を知ることも興味深

いし、ヨーロッパの国境の変遷とともに料理が各地で融合していった歴史などを学ぶとフランス料理がさらにおもしろくなります。

石井 エスコフィエの『料理の手引き』など昔の専門書は、レシピが詳しく書かれているわけではないので、それをどう自分なりに解釈するか。現代の人に適用するために現代に合わせた解釈でオリジナルを創造していくのも楽しいですね。

関谷 ロブション氏のスペシャリテで以前作られていて今は作っていないようなレシピは、本から学ぶことも多いのですが、実は、レシピをそこまで重要視してはいないんです。シェフがどういう考えでこういう食材を選んだのかとか、なぜこういう調理法にしたのかなど、そうした興味のほうが強くあります。どちらかというと、シェフのフィロソフィーを深く知りたい。名前が残っている料理やソースは、しっかり作れるようになりたいし、それを自分なりに進化させていきたいです。

手島 この本では、自分が得意な料理ばかりを紹介していますが、クラブの意義がその料理の中から伝わればうれしいですね。

石井 まずは、「フランス伝統料理」に興味を持ってもらう入り口になれば幸いです。

関谷 調理工程にも各シェフの想いがあり一つ一つ意味がありますので、レシピの数字ではないところも見てほしいと思います。

Monolith
モノリス

石井 剛
Go Ishii

フランス料理の伝統を現代のスタイルに進化させた「ネオ・クラシック」を追求

　青山学院南側のグルメエリア渋谷2丁目に、その一角を担うシックなデザインの店名「MonoLith」。映画『2001年宇宙の旅』に進化の象徴として登場した一枚岩の黒い石板、「モノリス」を店名に冠し、黒を基調とした店内に黒いコックコートと、スタイリッシュに統一した。テーブルに運ばれる目にも麗しいひと皿は、"ネオ・クラシック"がコンセプト。和の食材を盛り込み、バターを控えた軽やかなソースに仕上げる。伝統的なフレンチの技法を大切にしながら、日本人の味覚に合わせ新たな手法を取り入れた。

　石井剛シェフは、1973年、東京・神田生まれ。中学のときテレビで三國清三シェフを見て、日本人が作るフランス料理があるのか、と衝撃を受け、三國シェフに憧れたことがきっかけで料理の道を志す。辻調理師専門学校フランス校を終えてシャンパーニュ地方で研修。オーベルジュと教会以外何もない村で、料理に集中するには最高の環境だったという。

　帰国後、「レストラン アテスエ」にて修業後、98年に再渡仏するが、決まっていたレストランに断られ、途方に暮れながらミシュラン片手に片っ端から電話をして受け入れてもらえたのが、レマン湖のほとりのレストラン。淡水魚やエクルヴィスなどを扱うことができ思わぬ収穫だった。

　渡仏の本来の目的、三つ星で働くことは、「ジョルジュ・ブラン」を紹介され叶えられた。

　スタッフが30余名、朝から晩まで1日中仕込みに励む毎日。料理は精鋭部隊の10名ぐらいで仕切られていた。そんな一員に加わりたいと果敢にアピール。数少ないチャンスをつかめるかどうか、競争の激しいフランスの名店の厨房だ。自ら声を上げていかなければ、鶏の羽を1日中むしる下処理を永遠に繰り返すのみだ。一つ星から三つ星まで仕事をしたい、と思い、トゥールの「ジャンバルデ」、「ベルナール・ロバン」などで4年間にわたり研鑽を積む。

　帰国後は、2005年に「丸の内モナリザ」料理長に就任し、2010年、「アテスエ」のオーナーより店舗を譲り受け、オーナーシェフとして「モノリス」をオープン。当初からクラシックなフランス料理をベースに、現代のスタイルに進化させた「ネオ・クラシック」を意識して邁進してきた。2000年ごろから、「エル・ブジ」ブームが起こり、世界が「分子ガストロノミー」に影響されていった。イノベーティブな料理がもてはやされる時代が到来したが、自分の店では、そうした潮流とは対極にある料理をめざして当初のコンセプトを実践し続けてきた。

　フランス料理とはソースがすべて。いかにソースを淡くならずに、モダンな軽やかさに進化させるか。ソースのベースを凝縮し、旨みを強く出して油脂分を減らす。そんな試行錯誤を繰り返す。フランス料理の伝統、クラシックに重きをおき、少しずつ前進していきたいという。

舌平目のクレオパトラ風

Filet de sole à la Cléopâtre

　エスコフィエの『料理の手引き Le Guide Culinaire』を見て、この料理を作ってみたいと思っていた。本来は丸ごと1匹骨付きの状態をおろして、骨をはずしてもとの形にもどすが、現代では食べやすくするため、あえてフィレにおろして組み立てている。5枚におろし、上と下の身、まわりを切って成形。バターを塗ったバットに成形した魚を入れる。身が薄いため、片面のみに塩・胡椒し、帆立ムースにトリュフのみじん切りを加える。沸騰したお湯でオマールを1分茹で、氷水につける。帆立ムースを魚の上に絞り、まわりを魚で囲む。塩・胡椒したオマールの身を丸く型で抜く。

　古典は魚のヴルーテをベースに、サバイヨンを加えて仕上げるが、軽さを出すため粉をつかわず、ソース・ヴァン・ブラン、ソース・オランデーズ、ソース・サバイヨンとクレーム・フェッテで空気を含ませてきれいな焼き色をつける。ムラになりやすく、きれいな焼き色を出すのは難しい。卵黄のサイズや濃度、ソースの煮詰め具合により変わってくる。割合をうまく調整できるようになるためには、何度も作り込んで経験を積むしかない。盛り付けは、古典を意識して海老の頭を飾りつけた。

材料

舌平目	1匹
オマールブルー尾	1/2

サバイヨン

卵黄	2個
水	30g
バター	50g
生クリーム	50g

黒トリュフスライス	直径1.5cm丸×3

A 帆立ムース 適量

帆立	200g
生クリーム	100g
卵白	20g
トリュフアッシェ	適量
塩、胡椒	適量

ソース・ヴァン・ブラン

エシャロット（エマンセ）	1個
マッシュルーム（エマンセ）	2個
バター	適量
白ワイン	200g
フュメ・ド・ポワソン	200g
生クリーム	100g
ハーブの茎（なしでも可）	適量

作り方

1 舌平目を5枚におろす。身が薄いため、片面のみに塩・胡椒する。

2 上と下の身をバターを塗ったバットに成形してのせる。

3 帆立のムースにトリュフのみじん切りを入れる。

4 トリュフ入り帆立のムースを絞る。

5 上身を立体感が出るように貼りつける。

6 再度ムースを絞り形を整える。

7　オマール海老とトリュフを交互にのせる。ムースのまわりを舌平目で囲む。

8　クッキングペーパーまたは硫酸紙で包む。白ワインをバットに流す。

9　舌平目、オマールブルー、トリュフ、帆立ムースを組み立て、白ワインをふりかける。硫酸紙をのせて200℃で3分オーブンで焼く。オーブンから出したらペーパーの上に置いて水分をとる。

サバイヨン

1　卵黄と水に塩・胡椒をしてを湯せんで泡立て、もったりと固くさせる。

2　少しずつ加えてバターを溶かしクラリフィエする。

3　1を火からはずして2を加える（ラップで保温）。パッセする。

ソース・ヴァン・ブラン

1　クレーム・フェッテを立てる。

2　エシャロットとマッシュルームのエマンセ、白ワインを煮詰め、フュメ・ド・ポワソンと生クリームを加えて煮詰める（ハーブの茎があれば加える）。パッセして煮詰め、かなり濃厚なソース・ヴァン・ブランにする。サバイヨン、クレーム・フェッテをバランスよく合わせてパッセする。

仕上げ

1　ソースを流してサラマンダーでグラチネする（試し焼き）。

2　器にのせ、ソースを全体にかける。

3　向きを変えながら均一の焼き目をつける。

鶉と天使の海老と
帆立貝と豚肉のパイ包み焼き

Pithiviers de caille, crevettes,

Saint-Jacques et porc

　90年代の修業先で学んだ、鶉に甲殻類や帆立を組み合わせたクラシカルな料理。

　土台は鶉のもも肉、むね肉。天使の海老は、殻を剥いて背わたを取り、4つにカット。塩・胡椒、エシャロット、フィーヌゼルブのほか、食感用にもち麦、帆立のムースには、食感用にピスタチオを入れる。

　帆立のムース、鶉のむね肉、海老とホタテのムース、もう一枚のむね肉、パート・ブリゼにもも肉と豚肉のパテをのせ、その上にほうれん草で巻いたもも肉と海老のファルスをのせる。

　パイに包んでカットしたときに断面がきれいな層になっていることが最大のポイント。出来上がりを想像して一つ一つの作業工程をていねいに積み重ねていく。パイ包みの中はロゼに、パイ生地はしっかり焼きたい。そのためには冷凍にしておくこと。しっかり焼き込むと、余分なバターが落ちてサクッと仕上がる。長時間焼く必要があるが、中のファルスは低温でロゼに焼く。パイ生地とファルスの最適な焼き具合を両立させるために、試作を繰り返して編み出したパイ料理である。

材料

鶉	1羽
フィユタージュ	100g
天使の海老	2本

帆立ムース
帆立	200g
卵白	20g
生クリーム	100g
トリュフアッシェ	適量
塩、胡椒	適量

もち麦	5g
フィーヌゼルブ	適量

ソース ジュ・ド・カイユ クリュスタッセ
鶉の骨	適量
天使の海老頭	適量
ニンニク	1片
エシャロット（エマンセ）	2個
トマトペースト	少量
ペルノー	100g
フォン・ド・ヴォー	1ℓ
ハーブの茎	適量
タイム	3枚
ローリエ	1枚
コーンスターチ	適量
バター	適量

アスパラガスソテー	1本
モリーユ茸のブレゼ	1皿に1個
豚肉のパテ	50g

A
コニャック	5g
マデラ酒	10g
塩・胡椒	適量

パート・ブリゼ
モンブラン粉	750g
バター	275g
ラード	100g
コニャック	180ml
塩	7g
卵黄	3個

作り方

1 鶉をむね肉ともも肉に5枚におろす。骨はソースに。背骨は使わない。

2 天使の海老の殻を剥き背わたをとり、1本を4等分にする。塩・胡椒をする。

3 帆立のムースに、湯がいたもち麦、2の天使の海老、フィーヌゼルブのみじん切りを加えて合わせる。細かく切ったピスタチオを加える。

4 もも肉は骨と皮をはずし、スジもとる。包丁で叩いて細かくする。骨はソースに使う。

5 むね肉は骨、皮をはずして **A** でマリネする。

6 細かく切ったもも肉は **A** でマリネしてから豚肉のパテを合わせる。

| 7 | ブリゼは生地を空焼きし、冷めたら4のもも肉と豚肉のパテを合わせたものを詰める。 |

| 8 | 卵型の器にラップを敷き、蒸したほうれん草を敷いて塩・胡椒する。帆立のムースを絞って広げる。 |

| 9 | マリネした5のむね肉をのせ、上に海老入り帆立ムースをのせてパレットでならす。 |

| 10 | 5のむね肉をのせ、ほうれん草で包む。 |

| 11 | ラップで包んで形を整える。5の上にラップをはずした8をのせて5に卵黄を塗る。 |

| 12 | フィユタージュを伸ばして丸く切る。8にかぶせてはみ出たフィユタージュをカットする。 |

ソース・ジュ・ド・カイユ・クリュスタッセ

1	鶉の骨を細かく切って炒め、天使の海老の頭を炒める。
2	ニンニクを皮つき半割とエシャロットを入れて炒める。
3	トマトペーストを入れて酸味を飛ばす。
4	ペルノー、フォン・ド・ヴォー、ハーブの茎、タイム、ローリエを入れて2時間煮る。
5	パッセして煮詰めコーンスターチでリエし、バターモンテする。

| 13 | 切ったときの断面がきれいな切り口になる目印をナイフでつけ、10分冷蔵して乾かしてから卵黄を塗る。これを2回繰りかえす。 |

| 14 | 飾りの切れ目を入れる。1晩、冷凍する。 |

| 15 | 冷凍のままオーブンへ。11分入れて向きを変え、さらに11分焼く。 |

| 16 | 再度250℃のオーブンで4分焼き直し、半分にカットして盛り付ける。 |

Monolith モノリス | 石井剛

リエーヴル・ア・ラ・ロワイヤル
セナトゥール・クトー風

Lièvre à la Royale façon Sénateur Couteaux

　リエーヴル・ア・ラ・ロワイヤルには大きく分けて2種類ある。野うさぎを開いて詰め物をしてバロティーヌにするアリバブ風、リエーヴルをぶつ切りにしてブレゼにし、煮込んだあとにエミエッテ（ほぐして）してソースを絡めセルクルに詰めるセナトゥール・クトー風（クト―上院議員風）。フランス修業先、ロワール地方ブラッシュー村にある二つ星の名店、「ベルナール・ロバン」では、「リエーヴル・ア・ラ・ロワイヤル・セナトゥール・クトー」を学んだ。

　今回も、ロバン師匠のアナログな調理法で仕上げた。煮込んだ肉をセルクルに詰めてソースをかけるスタイルは、現代風にスパゲッティをタンバルに仕立て、その中にエミエッテしたリエーヴルを詰める。

　ロバンではフォワグラのポワレは添えていなかったが、オリジナルのアレンジでフォワグラのポワレとシャンピニオン・トゥルネを合わせた。

　アリバブ風はよく見かけるが、セナトゥール・クトー風は、今、あまり一般的ではなくなってきた。しっかり継承していってもらいたい。

材料

リエーヴル・・・・・・・・・・・・・・・・・・・・1羽

青森のハンターから入手することが多い。長期間熟成させるが、フランスのリエーヴルのような香りは出てこない。毛付きで届く場合もあり、皮のついた状態で熟成する。

A

皮つきニンニク・・・・・・・・・・・1株（半割り）
たまねぎ・・・・・・・・・・・・・・・・・・・・1個
にんじん・・・・・・・・・・・・・・・・・・・・1個
セロリ（葉も）・・・・・・・・・・・・・・・1個
豚背脂スライス・・・・・・・・・・・・・・1kg
赤ワイン・・・・・・・・・・・・・・・・・・・・2ℓ
ジン・・・・・・・・・・・・・・・・・・・・・500g
コニャック・・・・・・・・・・・・・・・・200g
ネズの実・・・・・・・・・・・・・・・・・・・10g
ハーブの茎・・・・・・・・・・・・・・・・・適量
タイム（フレッシュ）・・・・・・・・・・・5本
ローリエ（フレッシュ）・・・・・・・・・2枚

B

強力粉・・・・・・・・・・・・・・・・・・・750g
水・・・・・・・・・・・・・・・・・・・・・・225g

コーンスターチ・・・・・・・・・・・・・・適量
フォワグラテリーヌ・・・・・・・・・・・50g
リエーヴル血・・・・・・・・・・・・・・・・適量

スパゲッティ・・・・・・・・・・・・・・・10本
鶏のムース・・・・・・・・・・・・・・・・・50g
フォワグラポワレ・・・・・・・・・・・・・1個
シャンピニオン・トゥルネ・・・・・・・1個

作り方

1 リエーヴルを解体する。腎臓、心臓、レバーは取り置き、可能な限り血を取り出す。頭、腕、もも、フィレ、背肉、あばら骨付きむね肉ごとに骨ごとぶつ切りにする。

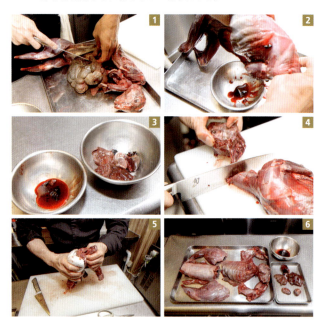

2 腕肉、もも肉、バラ肉、頭に分けて両面にしっかりアセゾネする。

3 セロリの葉以外の**A**を色がつくまで炒める。

4 深めの鍋に背脂スライスをしきつめる。

5 2と3、セロリの葉、赤ワイン、ジン、コニャック、ネズの実、ハーブの茎、タイム、ローリエ、黒胡椒を加えて蓋をする。Bで作った生地を鍋の縁に貼りつける。180℃のオーブンに5～6時間入れる。

6 肉を取り出しほぐす。煮汁をパッセして煮詰める。

7 煮汁をコーンスターチでリエし、1の内臓とフォワグラテリーヌを入れてバーミックスにかける。

8 リエーヴルの血でつなぎパッセする（沸かさない）。

9 肉とソースをからませておく。

10 茹でたスパゲッティをセルクルに巻き、内側に鶏のムースをナッペして1分蒸す。

11 10のタンバルの内側にバターを塗って9を入れる。ソースをかけ、フォワグラのポワレとシャンピニオン・トゥルネを飾る。

Foie gras

フォワグラのロースト
エピス風味 ソース・ヴェルジュ

Foie gras poêlé aux épices et sauce verjus

　フォワグラをまるごとローストする機会が今はあまりない。昔の料理専門書を読んでいると、こうした料理に遭遇することが多く、継承していくべきだと考えた。今回合わせるのはソース・ヴェルジュ。ブドウ果汁の酸味と甘酸っぱさは、フォワグラと相性がよい。ポレンタを付け合わせたのは、フォワグラ用の鴨を育てる際、エサにとうもろこしを食べさせることに連動させた。

　レバーの臭みをマスキングするためにスパイスを合わせる。試行錯誤の末、編み出したオリジナルのスパイスを配合している。一番多く使うのはカルダモンだが、スパイスの味が強くなりすぎるとソース・ヴェルジュの味が弱くなるため分量には注意。ポイントは、脂が出すぎるので、火を入れすぎないこと。表面を強めに焼いたあとに60度でじっくり火を入れる。

材料

ルージエ（ROUGIÉ）社フランス産 フォワグラ・ド・カナール グランド・キュイジーヌ。鴨の卵の孵化から飼育、商品となるまでの一貫した管理システムで安定してクオリティが高い。脂が出にくいため使いやすい。

フォワグラ	1羽
ポレンタ（粗挽きとうもろこし）	80g
水	250g
牛乳	250g
塩	適量
粒マスタード	小さじ2
レモン皮	1個分

パン粉	60g
カルダモンパウダー	12g
クミンパウダー	12g
カレー粉	6g
コリアンダーパウダー	6g
タイムパウダー	6g
ナツメグパウダー	6g
シナモンパウダー	6g

ソース・ヴェルジュ

エシャレット	1個
マッシュルーム	3個
塩	適量
ミニヨネット	ひとつまみ
国産ヴェルジュ	150g
仏産ヴェルジュ	150g
フォン・ド・ヴォー	300g
バター	適量
卵白	適量
強力粉	適量
枝付き干しぶどう	2枝分

作り方

1 フォワグラを大小2つに分ける。

2 強めに塩、白胡椒して上の面だけ強力粉と卵白を塗る。

3 スパイス、パン粉を合わせミキサーで回す。

4 ミキサーで混ぜたスパイスと小麦粉をふった面を上にして室温にもどす。

5　フライパンにオリーブオイルをひき、フォワグラを側面から焼く。

6　色付いたら油を出し、バターを入れてアロゼする。

7　60℃のオーブンに8分程度入れる。

8　提供直前、仕上げに200℃のオーブンに3分入れる。

ソース・ヴェルジュ

1　エシャロットとマッシュルームのエマンセをバターで炒める。

2　塩とミニョネットをし、ヴェルジュを2種類入れて煮詰める。

3　フォン・ド・ヴォーを加えてさらに煮詰める。

4　バターモンテしてパッセする。

Monolith モノリス ｜ 石井剛　　029

Filet de bœuf

ブフ・ア・ラ・フィセル
ソース・ボルドレーズ

Bœuf à la ficelle, sauce bordelaise

　牛フィレの調理は、ローストやポワレが多く、ポシェすることが少なくなってきた。今回はタコ糸でくくり古典的手法を使ってココットでポシェする。フォン・ブランに、黒粒胡椒、タイム、ローリエ、フィーヌゼルブを加え、木べらにくくりつけた牛肉に塩・胡椒をして鍋の底から少しだけ浮かせ、弱火で火を入れる。ポシェする場合、表面の塩が落ちるので、肉にしっかり塩を浸透させるためたっぷり塩・胡椒すること。端から中心まで同じように火を入れることがなにより重要。時間は肉の個体差で違うので、感覚で覚える。指で触って跳ね返ってくる硬度や串を刺してみて火入れの様子を測れるように訓練しておく。今は、最新機器を備えている店が多いが、何もない場所で調理ができるのがプロの料理人。アナログな調理方法も習得しておく必要がある。温度計がなくても触っただけでわかる、そうした経験を積んでおくことがプロとして大切だ。

材料

足利マール牛フィレ肉。黒毛和牛などは塩・胡椒だけでも十分おいしいが、フランス料理の場合は、ソースありきなので、少しサシが入った脂と赤身のバランスが良い交雑牛を使用している。

牛フィレ肉	300g
牛骨ぶつ切り（骨髄入り）	4cm×2

ソース・ボルドレーズ

エシャロット	1個
塩、ミニョネット	適量
赤ワイン	300g
フォン・ド・ヴォー	300g
骨髄	1個

ガルニチュール

ジロール茸	8個
エシャロット（シズレ）	適量
フィーヌゼルブ	適量
グリーンピース	適量
バター	適量
塩、胡椒	適量
フォン・ブラン	適量
シブレット	適量

A

フォン・ブラン	2ℓ
黒粒胡椒	適量
タイム、ローリエ	適量

作り方

1 足利マール牛の掃除をする。

2 フィレの部分を300gにカットする。

3 しっかり塩をふり、胡椒をしてタコ糸で肉をくくり、形を整える。ヘラにしばりつける。

4 湯を沸かして A を加え、鍋底に肉が当たらないように吊るして弱火で10分程度ポシェする。

ソース・ボルドレーズ

1. バターを入れた鍋にエシャロットのエマンセを入れ炒める。

2. 塩、ミニョネットをして少し色付いたら赤ワインを入れる。

3. 煮詰まったらフォン・ド・ヴォーを入れ、さらに詰める。

4. 牛骨髄は、一度ブランシールし、氷水に落とす。

5. パッセして、刻んだ骨髄を入れて、バターモンテする。

6. オリーブオイルをひいた鍋にジロール茸、塩、胡椒、エシャロット（シズレ）、フィーヌゼルブを入れ、炒める。

7. バター、グリーンピース、フォン・ブランで仕上げる。

8. 牛骨に詰める。

9. 薄切りにして茹でた骨髄を肉の上にのせる。

10. 上からシブレットを散らす。

Homard

オマールブルー
ソース・アメリケーヌ
モリーユ茸のフリカッセ添え

Homard bleu à l'américaine, fricassée de morilles

オマールブルーの胴体は、お腹から半割りにし氷水へ、爪は、お
か上げ。身が縮みにくくなるので、殻つきのまま火を入れる。殻はハ
サミで細かく刻み、味噌やコライユを入れ、ミキサーにかけて濾しソ
ース・アメリケーヌに。フュメ・ド・ポワソンを使った、エスコフィエの
『料理の手引き Le Guide Culinaire』の中で体系化されたものが、
現在も基本的なソース。フュメ・ド・ポワソンは、オマールの殻と香
味野菜を使ったフォン。ソースは、野菜の甘みがあるとおいしくなるの
で、強めにしっかり野菜を炒めるのが基本中の基本。オマールは硬く
なりすぎないような火入れで、半生ぐらいであげるように意識している。

材料

オマールブルー。フランス・ブルターニュ産。
身が引き締まっていて甘みが濃厚。

オマールブルー ················· 1尾

ソース・アメリケーヌ

オマールブルー頭 ············· 2尾分

A

ニンニク ······················· 1個
たまねぎ ······················· 1個
にんじん ······················· 1個
セロリ ························· 1個
鷹の爪 ························· 1個
タイム ························· 適量
ローリエ ······················· 適量
ハーブの茎 ····················· 適量
トマト ························· 1個
トマトペースト ················· 50g
コニャック ····················· 60g
フュメ・ド・ポワソン ··········· 600g

モリーユ茸のフリカッセ

モリーユ茸 ····················· 3個

B

帆立ムース ····················· 10g
オマール爪 ····················· 1尾分
エシャロット（シズレ）········· 適量
フィーヌゼルブ ················· 適量
塩、胡椒 ······················· 適量

グリーンアスパラガス ··········· 1本
フォン・ブラン ················· 適量
白ワインソース ················· 適量

作り方

1 オマールブルーを解体する。頭と尾を分け、尾を縦半分に切る。頭の殻をはずす。

2 頭の身とコライユ、味噌を残す。

3 砂袋を除きガニをとる。ハサミで足を細かく切り、ほかもハサミで細かく切る。

ソース・アメリケーヌ

1. 多めのオリーブオイルで、熱々にしたフライパンに殻を入れて炒め、香ばしさを引き出す。

2. 赤く色付いたらニンニクと5mm角に切った**A**を入れ、塩をして炒める。

3. 煮詰まったら、トマトペーストを入れ酸味が飛んだら強火にしてコニャックを入れ、フランベする。

4. アルコールが飛んだら、トマト1個とフュメ・ド・ポワソンを加えて中火で30分炊いてから、コライユと味噌を入れる。

5. ミキサーにかけてパッセする。

6. バターモンテする。

7. **B**を合わせ、モリーユ茸に詰めてフォン・ブランで火を入れる。

8. アスパラガスをソテーし、そのフライパンに殻付きのオマールブルーを身からソテーし、バターでアロゼする（ミキュイで仕上げる）。

9. ソース・アメリケーヌ、白ワインソース（泡立てる）、7のモリーユ茸、セルフィーユを添える。

Dessert

モノリス・クレープ

Crêpe à ma façon Monolith

シンプルに焼いたクレープは、冬トリュフの時期に提供しているスペシャリテ。フランスの発酵バター、ゲランドの塩、メープルシュガーにトリュフをのせ、レストラン仕様に仕上げた。それぞれの味を組み合わせるとおいしくなることは予想できるが、ガストロノミックなクレープにするため最後の1ピースに何か加えたい。なかなか思いつかずにいたとき、厨房でトリュフが目に入って閃いた。フライパンで焼いたあと、さらにオーブンに1分入れることで食感や味わいが変わる。自分が食べ歩いていろいろな味を体験することで発想する力を習得してほしい。

材料

A

薄力粉	150g
塩	2g
グラニュー糖	20g

牛乳	500g
バター	100g
卵	3個

黒トリュフ（フレッシュ）	適量
メープルシュガー	適量
発酵バター	適量
フルール・ド・セル	適量

作り方

1 牛乳と卵を混ぜて**A**を合わせる。

2 ブレンダーで粉気がなくなるまで混ぜる。

3 ブールノワゼット（焦がしバター）を作り、氷水で冷ます。

4 合わせてパッセする。

クレープを焼く

1 クレープ生地を焼き上げたあと、発酵バター、トリュフスライス3枚、フルール・ド・セルをのせる。

2 メープルシュガーをのせ、きれいに折りたたむ。皿にのせて、そのまま200℃のオーブンで2分焼く。

3 皿に盛り、仕上げにトリュフスライス7枚を並べてメープルシュガーをふりかける。

Chez Inno
シェ・イノ

手島純也
Junya Teshima

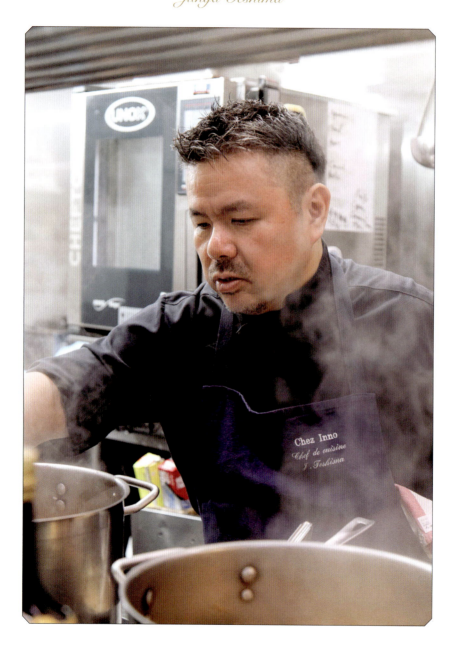

ライフワークとして未来に
伝統的フランス料理を伝えていく

　日本のフランス料理界の歴史に名を残すグラン・メゾン「シェ・イノ」は、1984年に東京・京橋にオープン。創業者である井上 旭氏は、「現代の名工」に選ばれるなど数々の功績を残したレジェンドだ。そんな井上氏が最も信頼をおいた古賀純二シェフに声をかけられ、2022年、和歌山の「hôtel de yoshino」から移籍、「シェ・イノ」を100年繋いでいくため日々腕を振るう手島純也シェフ。神のような存在だった井上シェフのあとを継ぐ重責を負う。一方で、一世代前の料理人たちが、フランスで学んだ技術を持ち帰り今日まで伝えてきた伝統的フランス料理を突き詰め、若い世代に伝えていく使命に情熱を傾けている。

　山梨県出身の手島シェフが料理人の道を目指した理由は、実家が居酒屋だったことがベースにある。継ぐことを前提に修業にでるが、ヨーロッパに対する憧れもあり、山梨の老舗フランス料理店「キャセロール」に就職。ヌーヴェル・キュイジーヌの初期にフランスやイギリスで修業した米山治男シェフのソースのおいしさに感銘を受け、本格的にフランス料理への道を志した。

　米山シェフのもとで料理の基礎を学び、渡仏。フランスでは、名だたるレストランで食べ歩き、最終日に「ステラマリス」のスペシャリテ「ジビエのトゥルト」に出会う。即座に吉野建シェフのもとで修業することを決めた。当時、パリでフランス料理店のオーナーシェフとして成功していた日本人は吉野シェフだけだった。凱旋門の目の前でクラシックなフランス料理を作り上げる。パリの真ん中で勝負している日本人シェフに憧れた。優れた野ウサギ料理に与えられる「リエーヴル・ア・ラ・ロワイヤル」最優秀賞に輝くなど、吉野シェフは、フランス料理界で高い評価を得ていた。

　すぐに手紙を書き採用してもらったが、2002年に、「ステラマリス」に入ったときはすでに26歳。ここで成長できなければ、自分が理想とする料理人にはなれない、背水の陣で挑んだ。

　手とり足とり教えてくれる時代ではない。できない弟子は捨てられるという厳しい環境。吉野シェフのもとで技術や哲学を学び、その後、カフェから三つ星までさまざまなフランスの食文化のスタイルを経験した。13区にあるカフェでのシェフとしての経験では、庶民の料理とガストロノミーには乖離があること、三つ星のタイユヴァンでは、一つのポジションをとるための厳しい競争があることを知る。

　帰国してまもなく、「hôtel de yoshino」のシェフが辞めることになり、自ら手を挙げてパリから和歌山へ向かう。魚介類を扱う機会が少なかったこともあり、海の近くで料理ができる環境にも惹かれた。東京の流行に振り回されずに、自分のスタイルを模索することができた。3年の予定が15年にもなったころ、若いときの研修が縁で「シェ・イノ」に迎えられた。

　現在は、古賀シェフにより磨き込まれた井上シェフのレシピを引き継ぎつつ自らのオリジナルを模索する日々を送る。あとに続く料理人を育てる責任も負う。選択肢が増えた今、フランス料理に興味を持つ若者は少なくなった。伝統的フランス料理を途絶えさせないため、次の世代に技術と哲学を伝えていくことをライフワークと決め、未来へ向けて始動した。

Chez Inno　シェ・イノ｜手島純也　043

透明なスープ・ド・ポワソン

Soupe de poisson clarifiée

比較的庶民的なスープをレストランで提供する上で、品格を持たせるため、コンソメのように澄んだスープに仕上げたのがスタートライン。現在は、得意料理の一つとしている。清澄な液体に旨みをのせていく料理は、知る限り四川料理にあるほか世界にはほぼ見つからず、フランスならではの料理といえる。まずコンソメを透明に作れるようになるために修練が必要。自分が思い描く味に向かって、何回も試作することでようやく習得できる。見た目のシンプルさに反して複雑な料理である。

材料

※以下、分量はすべて適量

白身魚のアラ
甲殻類
ペルノー
ノイリー・プラット
白ワイン
フォン・ド・ヴォライユ
水

スパイス

サフラン
アニスエトワール
クローヴ
クミン
フェンネルシード
黒胡椒
白胡椒

ミルポワ

たまねぎ
ポワロー
フヌイユ
にんじん
セロリ
トマト
トマトコンサントレ
グロ・セル・ド・ゲランド
ハーブ（パセリ、ローリエ、タイム、バジル、アネット、エストラゴン）
ニンニク、赤とうがらし
EXVオリーブオイル

作り方

1 左記材料でスープ・ド・ポワソンを作る。ペルノー、ノイリー・プラットでスパイスを一昼夜マリネする。

2 EXVオリーブオイルでニンニク、赤とうがらしを炒める。エマンセにしたミルポワ、荒く切ったパセリを加え炒める。

3 オーブンでぶつ切りにした魚のアラ、甲殻類を焼き、先の鍋に加える。

4 ペルノー、ノイリー・プラットでマリネしたスパイスを液体ごと加える。

5 バジル、ローリエ、アネット、フヌイユの茎葉、タイム、ローリエ、エストラゴンも加える。しっかりとエキュメをしつつ約1時間煮だしたら濾す。

6 上記液体を以下の材料とともにミンサーにかけたもので作ったスープ・ド・ポワソンをクラリフィエする。

鶏むね肉
癖のない白身魚
ニンニク
エシャロット
フヌイユ
パセリ
セロリ
アネット
エストラゴン
バジル
タイム
ローリエ
サフラン
アニスエトワール
トマト

7 卵白、トマトコンサントレでクラリフィエする。しっかりとエキュメしつつ煮詰めながら約45分煮だす。紙で濾して、塩で味を調える。デミタスカップに注ぐ。辛口のEXVオリーブオイルを一たらしする。

舌平目のアルベール風

Filet de sole Albert

「シェ・イノ」の看板であり、未来に残していくべき料理と考えている。井上シェフが創作し、40年間愛され続けているひと皿。日本の舌平目とヨーロッパのソールはまったく別物だ。日本産舌平目のふわふわした身質、重厚なソース、パン粉をつけてサクサクな食感をもたらす皮目の絶妙なバランスが大切。主役はソース・アルベール。魚の出汁をベースに、フォン・ド・ヴォー、肉の出汁を少し入れることがポイント。さらに、ノイリー・プラットをたっぷり使う。このレシピを考案された井上シェフへのオマージュとリスペクトを込めて、今後とも作り続けていきたい。

材料

※以下、分量はすべて適量

舌平目
シャプリュー（目の細かいパン粉）
澄ましバター
白ワイン
水
セルフィユ

ソース・アルベール

フュメ・ド・ポワソン・ド・ジエム
フュメ・ド・ポワソンの二番出汁… 600ml
エシャロット………………… 200g
シャンピニオン・ド・パリ
マッシュルーム………………… 750g
ノイリー・プラット…………… 1000ml
ミニョネット・ブラン………… 10g
フォン・ド・ヴォー…………… 90g
バター………………………… 適量
澄ましバター………………… 適量
水……………………………… 適量

作り方

1 舌平目をおろして1人前約60gとし、両サイドを折りたたんで長方形にして塩をふる。

2 成形した舌平目にパン粉をしっかりとふりかけ、澄ましバターをたらす。

3 パイ皿に2を置いて回りに水で割った白ワインを注ぎ、サラマンダーで表面を焼きつつブレゼする。

4 お皿に3を置き、ソース・アルベールを流して、セルフィユを飾る。

ソース・アルベール

1 澄ましバターとバターでエシャロットをソテーする。

2 ミニョネット・ブランを加え、香りが立ったらエマンセしたマッシュルームを加えてさらにソテーする。

3 2にノイリー・プラットを加えアルコールが飛んだらフュメ・ド・ポワソンの二番出汁を加えて煮る。

4 3を濾し一番とする。濾しとったものに水を加えて二番を取る。一番と二番を合わせてしっかりと煮詰めたらバターでモンテする。

5 塩、白胡椒で味を調える。

鮑のショーソン

Chausson d'ormeaux

　パイ包みの中に、フランスではあまり食べる文化がない鮑を使って考案したオリジナル料理。「hôtel de yoshino」時代にポテンシャルの高い食材である鮑をジビエに置き換えて作ってみた。まわりを包んでいるパート・フィユタージュの技術と中身の構成力など、バランスを取るためには、しっかりとした技術が必要になる。そして大切なのはソース。異なる技術力が同時に求められ、トータルの完成度が高くないとおいしいパイ包みは作れない。

材料

鮑 .... 適量

下処理をする。よく洗った鮑を殻ごとコンソメ・ド・ブフの二番、白ワイン、黒胡椒、ニンニクとともに圧力鍋で柔らかくなるまで煮る。

※以下、分量はすべて適量

ファルス
鴨もも肉
鶏むね肉
豚背脂
豚バラ肉
鶏肝
フォワグラのテリーヌ
ニンニク
パセリ
タイム

ファルス・グラタン
豚背脂
豚バラ肉

作り方

1. ファルス・グラタンをオリーブオイルでソテーして冷ます。ファルスと合わせてミンサーにかける。

2. ショーソンを組みたてる。鮑の余計なところを切り落としアッシェしてファルスに加える。

3. 上記を塩、白胡椒しコニャック、赤ポルト酒、白ワインでマリネする。

4. 横半分に切りフォワグラ、トリュフで挟む。

5. ファルスをラップで包み丸く成形する。フィユタージュで包み、伝統的なショーソンの形に整える。

6 オーブンで焼く。

ソース

1 赤ワインソースをミロワールになるまで煮詰め、コニャック、赤ポルト酒を加え、さらに煮詰める。

2 鮑のキュイッソン、フォン・ド・ヴォーを加え煮詰める。

3 フォワグラのテリーヌ、鮑の肝も加えて煮たら濾す。

4 バターでモンテして塩、黒胡椒で味を調える。最後にコニャック、赤ワインヴィネガーを加えキレを出す。

ガルニチュール

トリュフ入りクレソンのサラダ

ポムピュレ

1 半分に切ったショーソン、ガルニチュールを皿に盛る。ショーソンの断面にEXVオリーブオイルをナペしてグロ・セル・ド・ゲランド、ミニョネット・ノワールを散らす。

2 ソースを流し、トリュフをあしらう。

Foie gras

フォワグラのトーション テリーヌ仕立て

Foie gras cuit au torchon

フランスのレストランでは、前菜にフォワグラの冷製を提供することが多いが、それをイメージしたテリーヌ。ベーシックな調理方法は、フォワグラに火を入れて湯煎にかけ焼き上げて休ませるが、余計な油脂を取り除くため、布巾に包んで火入れをしている。脂を搾って出せるため、イメージ通りの油脂の量が実現できる。フォワグラを何度で加熱するかがポイント。技術として重要なので、まずオーソドックスな火入れを試してみて、自分なりに調整できるように練習する。今回使ったフォワグラは、「メゾン・ミトー社」。小規模生産者のため、ほとんどがフランス国内での流通だが冷凍は入手可能だ。フォワグラの質によって調理法を変えることが大切。食材の状態を把握した上で味の強弱をつける。

Chez Inno　シェ・イノ｜手島純也　057

材料

フォワグラ（フランス・ポワトゥーシャラン　メゾン・ミトー社産）……………約1.5kg

※以下、分量はすべて適量

塩
白胡椒
グラニュー糖
アルマニャック
白ポルト酒
フォン・ブラン

ガルニチュール

フランス・アジャン産プリュノーの赤ワイン煮
グロ・セル・ド・ゲランド
ミニョネット・ブラン
プリュノーの赤ワインのキュイッソンのジュレ
ブリオッシュ・メゾン

作り方

1　フォワグラを常温にもどしデネルヴェする（デネルヴェしすぎない）。

2　塩・胡椒、グラニュー糖をまんべんなくふる。フォワグラの状態をみてふる量を判断する。

3　アルマニャック、白ポルト酒をまんべんなくふる。上記に同じくフォワグラの状態を見て判断する。

4　ラップに挟んで冷蔵庫にて一昼夜マリネする。

5　冷蔵庫から取り出して常温にもどし、きれいなトーションでくるんで円柱状に整え、フィセルする。

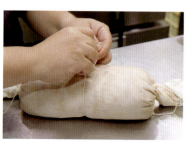

6 65℃に温めたフォン・ブランで約10分前後キュイする。キュイ中は65℃〜68℃を保つようにする。

7 ざるに取り出し、余計な脂を落とす。

8 冷凍庫に入れ急冷する。

9 完全に冷え、固まる前に残っている脂をキッチンペーパーでふき取りながらラップを敷き詰めたテリーヌ型に隙間ができないように詰め込む。

10 中敷きをしてしっかりと重さをかける。

11 7でとった油を一度沸騰させ紙で濾しフォワグラの上に流す。

12 最低でも1週間は冷蔵庫で寝かせる。

13 切り分ける。

Chez Inno　シェ・イノ｜手島純也　059

Filet de bœuf

牛フィレ肉のロッシーニ風

Filet de bœuf Rossini

　牛フィレは、ランクやブランドで選ぶよりソースと合うかどうかを考えて入手している。アントナン・カレームの時代の宴会料理には、ソクールという台があり、その名残でブリオッシュを置くようになったようだ。ブリオッシュがソースの味を吸い込むため、自分も意図的に置いている。「シェ・イノ」のソース・ペリグーは味とコクと深さという点で最高到達点にある。常識では測れないほどアルコールを入れることで、深みとコクが増す。井上シェフのレシピを古賀シェフが磨き込んだレシピ。自分の思い描く味のソース・ペリグーであり、大切に受け継いでいきたい。

材料

牛フィレ	100g
フォワグラ（エスカロップ）	70g

澄ましバター	適量
塩	適量
黒胡椒	適量
グロ・セル・ド・ゲランド	適量
ミニョネット・ノワール	適量

ガルニチュール

ブリオッシュ	適量
ポム・マキシム	適量
トリュフ	適量

ソース・ペリグー

コニャック	750ml
マデラ酒	190ml
赤ポルト酒	125ml
フォン・ド・ヴォー	45g
トリュフ	170g
バター	適量
塩	適量
黒胡椒	適量

作り方

1　ソースペリグーを作る。

2　コニャック、マデラ酒、赤ポルト酒を鍋に入れミロワールになるまで煮詰める。

3　フォン・ド・ヴォーを加え煮詰める。

4　トリュフを加え煮る。

5　バターでモンテする。

6　塩・胡椒で味を調える。

7 フィレに塩・胡椒し、厚手のフライパンに澄ましバターをひき、フィレを焼く（お客様のお好みのキュイッソン）。

8 セルクルで抜いたブリオッシュをサラマンダーで焼く。

9 フォワグラを焼く。

10 お皿にポム・マキシムを置きその手前にブリオッシュ、フィレ、フォワグラの順で重ね、ソースをかける。

仕上げ

1 フォワグラの上に牛フィレ、ミニョネット・ノワール、グロ・セル・ド・ゲランドを置く。

2 トリュフのエマンセをあしらう。

Chez Inno シェ・イノ｜手島純也 063

オマール海老のアスピック

Aspic de homard

透明なコクのある液体で固め、まわりは、クリーム、フヌイユ、トマト、ジュ・ド・オマールという「シェ・イノらしい」王道の組み合わせの冷製。今はすたれてしまい、ほとんどレストランのメニューには並ばない古典料理。唯一ゼリー寄せとして残っており、ホテルの結婚式などに登場することもある。透明の液体はコンソメを作るのと同じ作業。オマールとキャビアとウニという豪華な海の幸を合わせてガストロノミックに仕上げた。透明な液体にコンソメとしての味わいを持たせなければならない。センスと技術のベースに手間と時間をかけて作り上げる、フランス料理のすべての基礎が詰まったひと品。

材料

A オマール海老のコンソメ

フォン・ド・オマール
フォン・ブラン	3ℓ
白ワイン	1ℓ
水	3ℓ
オマール海老の頭	10個
フヌイユ	200g
たまねぎ	200g
にんじん	100g
ニンニク	1片
ポワロー	100g
エシャロット	50g
白胡椒	適量
セル・ゲランド	適量
エストラゴン	適量
タイム	適量
ローリエ	適量
パセリ	適量

B クラリフィエ用材料

鶏むね肉	1kg
上記オマール海老の頭についていた	
コライユ	適量
ニンニク	2片
エストラゴン	適量
フヌイユ	適量
アネット	適量
ポワロー	適量
エシャロット	適量
たまねぎ	適量
にんじん	適量
トマト	適量
トマトコンサントレ	適量
卵白	適量
タイム	適量
パセリ	適量
ローリエ	適量
塩	適量
白胡椒	適量

作り方

1 **A**を約1時間煮だし濾す。フォン・ド・オマールとする。

2 **B**でフォン・ド・オマールをクラリフィエしてオマール海老のコンソメとする。**2**左の材料をミキサーにかけて練る。**3**卵白を加える。**4**トマトをミキサーにかけたものを加える。**5**1と**4**を練る。

3 冷やして硬さを確認してゼラチンを適量溶かし、オマール海老のジュレとする。

フヌイユのクーリ

仕上げ

1. フヌイユをポシェしミキサーにかけ濾す。塩で味を調える。

ソース・アメリケーヌ・フロワ

1. ジュ・ド・アメリケーヌを煮詰めてクリームと合わせる。

クレーム・ド・トマト

1. トマトをミキサーにかけて布を敷いたシノワにのせ、ロー・ド・トマト(トマト水)を取る。軽く泡立てたクリームと合わせる。

仕上げ

1. オマールブルーをクールブイヨンでポシェして殻をはずす。セルクルの底にラップを張り、溶かしたオマールのジュレを流し入れ、茹でたオマール、生うに、エストラゴンを入れる。冷やし固め、オマール海老のアスピックとする。セルクルからはずしたアスピックを皿に置き、クレーム・ド・トマトをまわりに流す。フヌイユのクーリ、ソース・アメリケーヌ・フロワを交互に流して最後に竹串で引っ張るようになぞる。

Dessert

いちじくの赤ワイン煮 スパイス風味

Figues confites au vin rouge

　果物のコンポートには、家庭の味がそれぞれあり、フランス料理の原点の一つ。レストランで提供するコンポートとして、多彩なスパイスとはちみつを使って複雑な味わいに仕立てた。何種ものスパイスをまとめ上げるバランスを養うことが大切。今回は、試作してきたなかでベストの組み合わせ9種類を合わせた。そのなかの一つが突出しないように調和させなければならない。コンポートは、3日ほど寝かせると味が馴染み、香りもまろやかになっておいしくなる。

材料

※以下、分量はすべて適量

海外産いちじく
赤ワイン
はちみつ
グラニュー糖
レモン
赤ワインヴィネガー
ジュニエーブル・ローズマリー
タイム
ローリエ
カルダモン
黒胡椒
白胡椒
アニス・エトワール
クローヴ

作り方

1. 赤ワインを鍋に入れて火にかけ、アルコールを飛ばす。

2. アルコールが飛んだら火からおろし、はちみつ、グラニュー糖で甘さを調節する。

3. レモン汁、果皮を加える。細かく砕いたスパイス、細かく切ったハーブを加える。

4. 鍋にラップを張り、冷めるまでアンフュゼする。

5. 完全に冷めたら紙で濾す。

6 鍋に軸を切ったいちじくを重ならないように並べる。5の赤ワインをひたひたになるように注ぐ。

7 紙で蓋し、さらに落とし蓋をして約5分煮る。そのまま冷めるまで置く。

8 タッパー等に移し、冷蔵庫へ入れ最低3日は置く。

Château Restaurant Joël Robuchon

シャトーレストラン ジョエル・ロブション

関谷健一朗
Kenichiro Sekiya

ジョエル・ロブション氏のエスプリを継承し
M.O.F.としてフランスの食文化を伝承する

現在、ルイ15世様式を再現した華麗なる館で、ロブション氏の奥義を極めるグラン・メゾンのエグゼクティブシェフとしての重責を担う。ロブション氏の哲学と技術を学んだ関谷健一朗シェフの料理人への道は、専門学校を経て勤めたホテルから始まる。20歳でリヨンの「ポール・ボキューズ」やパリの「ルドワイヤン」「ル・ブリストル」などを食べ歩き、本場のフランス料理に衝撃を受け渡仏を決意。履歴書を送って採用された一つ星のレストランを皮切りに三つ星レストラン、「ルカ・カルトン」や「ル・グラン・ヴェフール」といったグラン・メゾンで研鑽を積んだ。

渡仏当時、まだ日本でミシュランガイドは発刊されておらず、世界的に評価されているレストランとは、どういう店なのか知りたかったからだ。フランス料理店では扱わないような食材やエピスを自由自在に操るギィ・マルタン氏率いる「ル・グラン・ヴェフール」では、多様な面でインスパイアされた。さらには魚料理の専門店「ル・ディベレック」やビストロ等も経験した。20代前半で渡仏したため、学べるすべてを吸収したいと思い、自分に足りないものを貪欲に学んでいった。

ロブション氏の料理との運命的な出会いは、パリ、サンジェルマン・デ・プレに店を構える「ラトリエ ドゥ ジョエル・ロブション」で味わった鳩とフォワグラをキャベツで包み加熱調理したスペシャリテ。この料理を学びたいと、すぐに履歴書を送り、シェフ・ド・パルティとして採用された。実力さえあれば仕事を任せてもらえる

環境に働き甲斐を感じていた。仕事の速さとクオリティーの高さ、料理工程すべてに対するこだわりの強さ、誰にでも愛される人としての魅力……。ロブション氏の記憶は尽きない。スーシェフとしてのキャリアを重ねたあと、「私の人生を変えてくれた師の力になりたい」と、東京の「ラトリエ ドゥ ジョエル・ロブション」のシェフのオファーを受け30歳で帰国。20代をフランスで過ごし、自国の食材事情を知らないことに戸惑ったこともある。日本各地の生産者のもとへ足を運び、食材を勉強する日々を送り、お客様に喜んでもらえる料理を考案していくことにも手応えを感じていた。そうして、日本でのキャリアを積んでいくなか、さまざまなコンクールで結果を残していく。

2018年、師と仰ぐジョエル・ロブションも優勝した歴史と権威ある技術と味を競うコンクール「〈ル・テタンジェ〉国際料理賞コンクール インターナショナル」に優勝し、世界一の栄誉に輝く。さらに2023年、フランス料理界最高峰「Meilleur Ouvrier de France（フランス国家最優秀職人章）」を受章し、日本人料理人が、誰も辿り着いたことのない頂点に上り詰めた。

フランス料理を作る職人として、襟がトリコロールのベストに袖を通すことができるようになった今、このベストにふさわしくあろうと、毎朝、着替えるたびに覚悟と責任を感じている。

料理は、形ある物として、作品として、後世に残るものではない。次の世代へと受け継がれていくのは、その技術、知識、情熱、職人としての誇り。そして、料理を超えてフランス文化を伝えていきたい。それがM.O.F.として、フランス国家から託された使命であると真摯に受け止めている。

Château Restaurant Joël Robuchon　シャトーレストラン ジョエル・ロブション｜関谷健一朗　073

北海道産エイのポシェ
梅干しで酸味を効かせた
ブール・ノワゼットと共に

La Raie
servie avec un beurre noisette
à la prune salée et au riz croustillant

北海道産のエイと青いニュアンスの野菜に、シンプルながらインパクトのあるソース。10年ほど前に考案した料理ではあるが、毎年少しずつブラッシュアップしてきた、私にとって大事なひと皿。

エイはオリーブオイルやバターで焼いていた時期もあるが、今回はポシェしている。個人の嗜好でもあると思うが、考え抜いて作り続けてきたからこそ、たどり着いた味わいだと思っている。残念ながら、エイを日本で扱っているレストランは少ないと思うが、食材としてのポテンシャルの高さを感じ、この料理を選んだ。ソースの材料は和の要素を取り入れた完全なオリジナル。自分で漬けた梅干しを使うなど、一つ一つに強いこだわりを持って料理している。

材料

エイヒレ ………………………… 1枚

ブイヨン
水 ………………………………… 1ℓ
白ワイン ………………………… 65cc
白ワインヴィネガー …………… 25cc
粗塩 ……………………………… 15g
黒胡椒 …………………………… 3g
コリアンダー …………………… 3g
フェンネルシード ……………… 3g
タイム …………………………… 適量
ローリエ ………………………… 適量
バジル …………………………… 適量
レモン …………………………… 1個

ブール・ノワゼット
タイム …………………………… 5g
ニンニク ………………………… 20g
バター …………………………… 100g
エイヒレ ………………………… 100g

ソース
ブール・ノワゼット …………… 40g
梅ピュレ ………………………… 16g
　梅干し ………………………… 10g
　ケチャップ …………………… 6g

ガルニチュール
白瓜 ……………………………… 適量
赤紫蘇 …………………………… 適量
リ・スフレ ……………………… 適量
バジル …………………………… 適量
シブレット ……………………… 適量
むらめ …………………………… 適量
花穂 ……………………………… 適量

作り方

1 エイは大きな筋や皮を取り除き氷水で洗う。

2 身が薄いところはソースで使うので切りそろえる。

3 鍋に水、白ワイン、白ワインヴィネガー、岩塩、エピス、ハーブを入れて、ひと煮立ちさせたらエイを入れ、弱火で30分ゆっくり火を入れる。

4 火が入ったことを確認したら網バットに引き上げ、血合いと軟骨を取り除き、セルクルに詰める。

5 皮を剥いた白瓜をスパゲティ状にカットしてブランシールする。

6 2で切り揃えたエイをバター、ニンニク、タイムとともに火を入れ、ブール・ノワゼットに香りを移し、シノワでパッセする。

7 種を取り除いた梅干しとケチャップを、フードプロセッサーでピュレにしタミゼする。温めたブール・ノワゼットに梅干しピュレを合わせソースとする。

8 温めた5の白瓜に赤紫蘇を合わせ、4のエイと重ねて盛り、ソースをたっぷりかける。170℃で揚げたリ・スフレとハーブをあしらう。

プーラルドの"コルドン・ブルー"
黒トリュフとペコロスのグラッセをあしらって

La Poularde
le blanc en duo-mêlé de jambon blanc de Paris et gruyère,
fine croûte de pain de mie dorée

ジョエル・ロブション氏の右腕として長きにわたりグループを支え、
M.O.F.でもあるエリック・ブシュノワール氏と、伝統的なフランス料理
"コルドン・ブルー"をガストロノミックに再構築した一品。

黒トリュフを最大限活かすガルニチュールに選んだ食材は、黒トリュ
フと同じく、地中で育つペコロスとじゃがいも。同じ生育環境で育つ
食材同士を組み合わせ調理することによって、味わいや香りを互い
に引き立てている。さらに、黒トリュフ探しに豚が使われることもある
背景から、豚肉加工品であるハムを忍ばせた"コルドン・ブルー"と
のストーリーもあり、2種のソースとともに、食材すべてに相乗効果が
生まれている。チーズとハムを挟み、しっとり火入れしたむね肉に、
薄くスライスしたパンを貼り付け焼きあげているのでパリパリの食感も
加わり、ひと皿の中で五味五感を刺激する最高においしいペアリン
グに仕立てた。

材料

プーラルド	1羽
ジャンボンブラン	1枚
グリュイエールチーズ	1枚
パン・ド・ミ	1枚
卵白	適量
澄ましバター	適量

ムース

鶏むね肉	100g
卵白	12g
生クリーム	75g
塩	2g

ジュ

手羽先	500g
ニンニク	4片
タイム	適量
水	適量

ソース・シュプレーム

手羽先	500g
マッシュルーム	100g
白ワイン	50cc
生クリーム	500cc

ガルニチュール

じゃがいものピュレ	適量
ペコロス	適量
手羽先	適量
黒トリュフ	適量

作り方

1 むね肉をおろして皮をはずし火が均一に入るように厚さを整える。手羽先はフォン・ド・ヴォライユで火を入れ骨を抜いておく。

2 むね肉の薄い部分、ささみを使いムースを作る。

3 ジャンボンブラン、グリュイエールチーズをスライスする。

4 むね肉を中心とし、両面にグリュイエールチーズ、ジャンボンブラン、ムースの順に重ねていく。

5　58℃のスチームコンベクションオーブンで火入れする。

6　火が入ったら常温で少し休ませカットし、断面に薄くスライスしたパンを卵白で張り付ける。

7　済ましバターで両面パンを香ばしく焼きあげる。

8　カットした手羽先を220℃のオーブンで焼き、2つの鍋（a.b）に取り分ける。油脂はジュに使うので取り置く。

9　鍋（a）にタイム、ニンニク、水を加えて8時間煮出し、シノワでパッセしジュとする（必要に応じて水分は加える）。

10　ソテーしたシャンピニオンと白ワインを鍋（b）に加え、アルコールを飛ばし、生クリームを加えて1時間煮出しシノワでパッセする。

11　キャラメリゼした手羽先、グラッセしたペコロス、じゃがいものピュレを用意する。

12　お皿に盛り付け2種類のソースを流す。

Château Restaurant Joël Robuchon　シャトーレストラン ジョエル・ロブション｜関谷健一朗　081

舌平目のチュルバン
シャトー・シャロン風味の
オマルディーヌソースと共に

Le Turban
de sole avec une sauce homardine
au suc de Château-Chalon

2018年「〈ル・テタンジェ〉国際料理賞コンクール・インターナショナル」で優勝し、世界一に輝いた一品。

コンクールならではの厳格なルールによる、食材や時間の制約、調理場の研ぎ澄まされた独特な雰囲気のなか、「Si tu ne peux pas gagner, tu ne fais pas! 勝てないならやるな!」という言葉を残して急逝したロブション氏との約束を果たすために、無我夢中で最高の料理を作りあげることに集中した5時間だった。

コンクールは、日常の延長線上にありながら、立ちはだかる壁の向こう側へ羽ばたくための強い意志を鍛える絶好の機会だ。ただ、真価が問われるのは、優勝したときではなくそのあとである。自分自身が、そのタイトルにふさわしい仕事を継続しなくてはならない。

この優勝から、日本人料理人が誰もなし得ていないM.O.F.への長い挑戦の道程が始まる……。

材料

舌平目 …………………… 1kg

ムース

鱈 ………………………… 500g
帆立貝 …………………… 200g
全卵 ……………………… 4個
塩 ………………………… 13g
生クリーム ……………… 700cc
コライユ ………………… 20g
茸のデュクセル ………… 75g

ソース

オマール海老 …………… 500g
バター …………………… 50g
ニンニク ………………… 1片
白ワイン ………………… 200cc
コニャック ……………… 25cc
トマトペースト ………… 50g
生クリーム ……………… 500cc
ローズマリー …………… 適量
ピモン・デスプレット … 適量
ヴァン・ジョーヌ ……… 適量

ガルニチュール

ラングスティーヌ ……… 6尾
ムール貝 ………………… 適量
蛤 ………………………… 500g
マッシュルーム ………… 適量
にんじん ………………… 適量
だいこん ………………… 適量
ミニポワロー …………… 適量
カリフラワー …………… 適量
ロマネスコ ……………… 適量
しょうが ………………… 適量

作り方

1 水気を拭きとった鱈、帆立貝、塩、卵白、卵黄を冷たくしたフードプロセッサーで回しタミゼする。

2 氷水を当てたボウルで1と生クリームを合わせる。

3 2にオマール海老のコライユ、茸のデュクセルをそれぞれ加え、3種のムースとする。

4 チュルバン型に茸のデュクセルのムース、オマール海老のコライユのムース、何も加えていないムースの順番で重ねる。貝殻の型にもムースを詰めておく。

5 4を80℃のスチームオーブンで火を加える。

6 オマール海老は身と殻の部分をそれぞれ細かくカットする（エラの部分のみ取り除く）。

7 鍋にバターを加え温まったところに6と皮付きのニンニクを加え、水分を飛ばすように焼く。オマール海老の良い香りが出てきたらコニャック、白ワイン、ヴァン・ジョーヌを加える。

8 7に生クリーム、トマトペースト、ローズマリー、ピモン・デスプレットを加えオマール海老の味と香りを移すように弱火で煮だす。

9 野菜の下処理をして、それぞれ素材に適した火入れをする。

10 魚介類の下処理をして、それぞれ素材に適した火入れをする。

11 9、10を合わせ、最後にしょうがを加える。

12 すべての食材をバランス良く盛り付ける。

Foie gras

なめらかなフォワグラのロワイヤルに
玉蜀黍のヴルーテを注いで

Le Foie Gras
de canard crémeux en royal
sous un velouté de maïs et croûtons dorés

　フォワグラは、日本では生産されていない食材の一つで、鴨とガチョウの2種類あり、多彩な調理方法が可能なところが魅力だ。クオリティーの高い素材を見分け、選ぶのはもちろんであるが、血管が多い部分と少ない部分を用途によって、正しく使い分けることが重要。
　フランスのジョエル・ロブションの店舗では、鴨のフォワグラを焼いて提供する場合、血管が少ない部分の一切れしか使わなかった。
　今回、鴨のフォワグラに合わせた食材は、鴨の餌でもあるとうもろこしを使ったヴルーテ。
　鴨のもも肉、骨、筋を使ったブイヨンでヴルーテを作り、むね肉の燻製を合わせるなど、フォワグラだけでなく、鴨すべてを使い切り「食材＝命」という、料理人が最も大切にしなければいけない食材へのリスペクトを込めて、鴨の命の転生を表現したひと皿。

材料

アパレイユ
フォワグラテリーヌ	100g
フォワグラ	100g
生クリーム	200cc
牛乳	100cc
全卵	170g
塩	2.5g
黒胡椒	0.3g

ヴルーテ
バター	30g
たまねぎ	20g
とうもろこし	100g
フォン・ド・カナール	300cc
塩	5g

ガルニチュール
フォワグラ	適量
とうもろこし	適量
鴨の生ハム	適量
クルトン	適量
シブレット	適量
ポップコーン	適量

作り方

1 フォワグラの血管の少ない部位はポワレに。血管の多い部位はアパレイユに。用途によって使い分ける。

2 人肌に温めた生クリームと残りのアパレイユの材料を合わせミキサーで攪拌する。

3 シノワでパッセしたアパレイユを皿に流す。

4 80℃のスチームオーブンで25分火を加える。

5 バターと塩でたまねぎをスュエし、生のとうもろこしを加え、甘味を引き出すように火を加える（火にかけ過ぎると香りが飛ぶので気をつける）。

6 5にフォン・ド・カナールを加え、ひと煮立ちさせたものをミキサーで攪拌しパッセする。

7 1のアセゾネをしたフォワグラは色を付けすぎないようにポワレしてカットする。

8 フォワグラのフランにとうもろこしのヴルーテを流す。

9 全体にシブレットのシズレを散らし、7のフォワグラ、焼き色をつけたとうもろこし、鴨の生ハム、クルトン、ポップコーンを盛り付ける。

Filet de bœuf

フランス リムーザン産 牛フィレ肉の ソトワール 黒コショウ風味

Le Filet de Bœuf
cuit au sautoir relevé d'un concassé de poivre de Malabar
et de son parmentier gratiné au Comté

　自分が求めるクオリティーの牛フィレ肉を探し求めるのは当然であるが、そのおいしさを最も引き立てる黒胡椒の種類や産地を選び抜くことも同じくらいに重要である。

　下処理として大切な仕事はフィスラージュだ。

　肉を焼く直前に黒胡椒を砕いて貼り付けるが、肉のカット面の表面積と肉の厚さから最適な黒胡椒の分量を、技術、知識、経験から導き出さなければならない。

　今回は、ソトワールを使ったが調理器具選びにも気を配ってもらいたい。フランス料理の根幹でもある、黒胡椒を効かせた香り高くおいしいソースをア・ラ・ミニッツで作る場合、最も適していない調理器具は、調理場で一番馴染み深いであろう、テフロン加工のフライパンだ。その時々の場面に合わせて適した調理器具を使って最高のソースを作れる職人になれるように、日々、研鑽を積み重ねていきたい。

Château Restaurant Joël Robuchon　シャトーレストラン ジョエル・ロブション｜関谷健一朗　091

材料

牛フィレ肉
牛フィレ肉（マラバール産）……100g

ソース
牛肉……………………100g
黒胡椒…………………10g
にんじん………………5g
ニンニク………………3g
エシャロット…………5g
ブーケガルニ…………1本
VSOP……………………30cc
ジュ……………………200cc
生クリーム……………適量
マスタード……………適量
バター…………………適量

牛スジ
牛スジ…………………500g
たまねぎ………………30g
にんじん………………30g
セロリ…………………50g
ニンニク………………3片
ブーケガルニ…………1本
黒胡椒…………………適量

ガルニチュール
じゃがいも……………適量
パン粉…………………適量
バター…………………適量
黒トリュフ……………適量

作り方

1 牛フィレ肉をフィスレし、20分ほど前に室温にもどしておく。

2 牛フィレ肉の片面に、使う直前に砕いた黒胡椒を貼りつける。

3 ソトワールで黒胡椒の面から焼き始め、途中バターを加えアロゼする。

4 牛フィレを焼いたソトワールに掃除した際に出た部分を2cmにカットしたものを、ミニョネットとともにバターでしっかり焼き色を付けざるにあげる（油脂はソースに使うので取り置く）。

5 ソトワールに少量のバターを加え、ニンニク、エシャロット、にんじん、塩を加えて野菜の味を引き出したら、焼き上げた肉をもどし、コニャックでデグラッセする。

6 デグラッセしたらジュ・ド・ブフとブーケガルニを加え15分間煮出し、シノワでパッセする。

7 生クリームとマスタードで味を調え、取り置いてある油脂を加える。

8 牛スジをカットし、水から火を入れ、出てきたアクを取り除く。香味野菜、ブーケガルニ、塩を加え、3時間ほど弱火で柔らかくなるまで火を入れ、ペコロスのコンフィと合わせて味を調える。

9 澄ましバターで火を入れたじゃがいものエクラゼ、柔らかく煮込んだ牛スジを順に重ねてパン粉とバターでグラチネする。

10 牛フィレをオーブンで温め、ガルニチュールとともに盛り付けソースを流す。

Château Restaurant Joël Robuchon　シャトーレストラン ジョエル・ロブション｜関谷健一朗

Homard

オマール海老と薫り高い 黒トリュフのココット

Le Homard
en cocotte lutée aux truffes noires et châtaignes confites

　調理師専門学校在学中、今まで食べたことのないオマール海老の味わいに感動して、フランス料理を作る職人になろうと決意したくらい、思い入れが強い食材。
　ていねいな下処理が必要であるが、オマール海老の魅力と最高のハーモニーを奏でるガルニチュールをココットに閉じ込め調理する。
　蓋を開けるまでわからないドキドキ感と、ココットの中でシンプルだが複雑に絡み合い、すべての食材のポテンシャルが最高潮に達した瞬間に解き放たれるおいしさは、何ものにも代え難い。

材料

オマール海老·················600g

パート
小麦粉····················150g
全卵······················75g
ローズマリー················3g
塩······················0.5g

ブール・ド・コライユ
バター····················適量
コライユ··················適量

ガルニチュール
トマトコンフィ···············2枚
セロリラブ··················適量
栗························適量
ローズマリー················適量
黒トリュフ··················5g

作り方

1. 塩を加え沸騰したお湯で、オマール海老を1分茹でる。

2. 尾の部分を4つに切り分けて、爪は殻をはずして軟骨を取り除く。

3. 小麦粉と卵を混ぜ合わせ、最後にアッシェしたローズマリーを加え生地をまとめる。

4. コライユとバターを混ぜ合わせ、ブール・ド・コライユを作る。

5. 2をそれぞれ塩とカレー粉でアセゾネし、尾はフライパンで殻の部分のみ焼き、爪は短時間で軽く色付く程度に焼く。

6 尾の部分と爪に**4**を塗り栗のエチュヴェ、トマトコンフィ、焼き色を付けたセロリラブ、カットしたトリュフとともにココットに盛り付ける。

7 ココットの蓋の隙間から蒸気が漏れないように**3**のパートを延ばし巻きつける。

8 余分な生地を切り落として刷毛で卵黄を塗り250℃のオーブンで焼く。

9 オーブンから取り出す。

Dessert

ウフ・ア・ラ・ネージュの王冠仕立て シャリュトリューズのムースと ピスタチオをアクセントに

La Couronne
d'œufs à la neige glacée à blanc, compotée de kiwis et pommes,
mousse de Chartreuse Verte pistachée

　M.O.F.のファイナル審査課題の一品。きめ細かく、ふわふわなメレンゲの立て方。砂糖を加えるタイミング。秒単位で質感が変わってしまうメレンゲの火入れ。細心の注意を払わなければいけない大事なポイントがたくさんあり、書き出したらキリがない。簡単なようで作ってみると難しいフランス菓子の基礎的なテクニックが、多数詰まったデセールだと思う。

　最高の一品を作るに当たり、最も気を配ったのが、ピスタチオペーストとプラリヌ・ローズを見つけることだった。試作で手に入れた素材では、思い描く味が表現できず、ファイナルの審査に向け、グルノーブルに出発する前日ギリギリまで、パリの街中、求める最高品質の品々を探し回っていた。そのため、最終的な味の完成形を試作することはできず、ぶっつけ本番となった。サブレやキャラメリゼに使われているクルミは、M.O.F.ファイナル審査の会場であったグルノーブルの特産品でもある。料理やデセールにクルミを使うたびに、冷たい風に枯葉が舞う寂しげな街並み、雨上がりに見たきれいな虹、胸を締めつけられる何とも言えない緊張感を思い出す。

Château Restaurant Joël Robuchon　シャトーレストラン ジョエル・ロブション｜関谷健一朗　099

材料

メレンゲ
卵白	200g
グラニュー糖	75g

クルミのサブレ
薄力粉	300g
バター	300g
卵黄	100g
クルミ	80g
グラニュー糖	75g
塩	3g

シャルトリューズのムース
生クリーム	150cc
マスカルポーネチーズ	75g
ピスタチオペースト	35g
粉糖	40g
シャルトリューズ	10cc

コンポート
りんご	100g
キウイ	100g
グラニュー糖	適量

バニラ風味のグラサージュ
生クリーム	300g
練乳	170g
バニラ	1本

その他
プラリネ・ローズ	適量
キャラメリゼしたクルミ	適量
ピスタチオ	適量

作り方

1 卵白にグラニュー糖を入れ7分立てまで泡立てる。

2 きめ細かく泡立てたメレンゲをポッシュに詰め、型に絞る。

3 100℃のスチームオーブンで1分間火を入れ型からはずす。

4 小麦粉、バター、卵黄、グラニュー糖、塩を混ぜ、サブレ生地を作る。最後に粗く砕いたクルミを入れ、5mmの厚さまで伸ばし型抜きで抜く。

5 160℃のオーブンで14分焼く。

6 生クリーム、ピスタチオペースト、マスカルポーネチーズ、粉糖、シャルトリューズを入れ泡立てる。

7 5mm角に切りそろえたりんご、7mm角に切りそろえたキウイをグラニュー糖とともに火を入れコンポートにする。

8 練乳を加えた生クリームにバニラを入れてアンフュゼしシノワでパッセする。

9 メレンゲをバニラ風味のクリームでグラッセする。

10 グラッセしたメレンゲをクルミのサブレに重ねる。

11 メレンゲの窪みにコンポートを入れ、シャルトリューズのムースを絞り、ピスタチオ、プラリヌ・ローズ、キャラメリゼしたクルミを盛り付ける。

Tour d'Argent Tokyo

トゥールダルジャン 東京

ルノー・オージエ
Renaud Augier

フランス人シェフとして、
進化する古典料理の継承に貢献したい

　セーヌ河畔、ノートルダム大聖堂を望むサン・ルイ島を眼前に、パリらしい優雅な景観が広がる一等地。1582年、「フランス料理の歴史そのもの」といわれるトゥールダルジャンは、そのエレガントな姿を現す。

　以来、400年もの間、長い歴史の一翼を担う存在として代々のシェフのエスプリが受け継がれてきた。その1人として世界唯一の支店である東京店の厨房を預かるのがルノー・オージエシェフだ。長い歴史を綴る一章として、過去の遺産を未来へ伝える役目も負いながら、異国の地でフランス料理の真髄を追い続ける。

　フランス南東部のサヴォワ地方出身。グルノーブル近くにあるスキーリゾートの村でレストランを営む祖母のために、毎日授業が終わるころ祖父に迎えにきてもらい、店に寄って手伝いをしていた。それが楽しく、お客様が食事をして喜ぶ顔を見て、いつしか料理人としての道を志すようになる。

　15歳でアプランティとして一つ星レストラン「オテル ドゥ フランス」で修業をスタート。その後は、「ジョルジュ・ブラン」「ミシェル・トラマ」「ルイ・キャーンズ」と名だたる店のシェフのもとで研鑽を積み、ランスの二つ星「レ・クレイエール」で副料理長に就任。

　「オテル ドゥ フランス」では料理の基礎、「ミシェル・トラマ」のトラマ氏からは、温かいおもてなしの心、デュカス氏からはビジネス思考を学ぶ。

　2012年、パリの「トゥールダルジャン」で仕事を始めると、東京店の総支配人、クリスチャン・ボラー氏に声をかけられ、東京店へ迎えられる。　2013年春、32歳で「トゥールダルジャン 東京」のエグゼクティブシェフに就任した。

　M.O.F.をめざしたのは、ボラー氏の提案により、自分自身を高めたいと考えたからだ。最高峰の職人を目指す上で必須のチャレンジだった。独立することなく、最後までこの美しい東京のメゾンで料理人として全うしたい。そのためにもM.O.F.シェフとして認められたかった。2019年、753人のなかでM.O.F.を受章したのは7人。巨匠ロブションとボキューズが亡くなり、偉大な2人のシェフへのオマージュとなった特別な年だったことから、審査が厳しく通常より受章者が少なかった。

　フランス料理を志すからには、古典を学ばなければならない。フランスに行って現地の空気を体感してくることが必要だ。フランスの香り、味、食材は、日本とはまったく異なるもの。それを肌で感じることなしに、"フランス料理とは何か"を知ることはできない。ここ何年かは、フランス在住の日本人シェフがフランス料理に新しい風を吹き込んでいる。日本料理のような軽さを盛り込み、フランス料理から重さをのぞいた。

　日本在住のフランス人シェフとしてフランス料理の技術や文化を伝えていくことも使命の一つだ。「クラブ・エリタージュ」におけるフランス料理の古典の継承というテーマは、自分に与えられた責務でもある。これからも日本でフランス料理を作り続けていくと決めている。その上で、サステナビリティを念頭において料理を発展させていきたい。それは、古典料理をベースに時代に沿ったフランス料理を作る上で最も大切なテーマの一つになることだろう。今後は、その観点からもフランス料理の進化に貢献していきたい。

Tour d'Argent Tokyo　トゥールダルジャン 東京｜ルノー・オージエ　103

オンブルシュヴァリエのショーフロア
加賀太キュウリのマリネと
旬菜のジャルディニエール

Omble chevalier à la cressonnière
Kaga futokyuri mariné à la sauce gribiche et coulis d'oseille

　オンブルシュヴァリエはサヴォワの名産品。アルプスイワナと訳されるが、日本のイワナとはかなり違うため、空輸でサヴォワから取り寄せている。春のメニューとしてレストランでも登場する定番料理。オンブルシュヴァリエをクールブイヨンで優しく火を入れクレソンのクリームで美しくコーティングするショーフロアとして考案した、故郷サヴォワを思い出す一品。

材料

オンブルシュバリエ

オンブルシュヴァリエ ………… 1匹

クールブイヨン ………………… 300cc
クレソンのピュレ ……………… 100g
45%クリーム …………………… 50g
ゼラチン ………………………… 2g

加賀太きゅうり ………………… 1個

スライスして種を抜いておく。

グリビッシュソース

マヨネーズ ……………………… 50g
コルニッション ………………… 20g
茹でたまご ……………………… 1個
ケッパー ………………………… 15g
たまねぎ ………………………… 10g
エストラゴン、イタリアンパセリ、
セルフィーユ …………………… 適量

オゼイユ

オゼイユ ………………………… 4パック
牛乳 ……………………………… 50g
マヨネーズ ……………………… 100g

A バヴァロア

白アスパラガスのピュレ ……… 100g
45%クリーム …………………… 50g
ゼラチン ………………………… 2g
コリアンダーパウダー ………… 適量

B 仕上げ

ラディッシュ …………………… 1個
絹さや …………………………… 3個
紫アスパラガス ………………… 1本
オキザリス、マイクロハーブ、食用花
…………………………………… 適量

作り方

オンブル

1 オンブルシュヴァリエをクールブイヨンで優しく火を入れ冷ます。冷めたら皮をはがしておく。

2 クレソンのクリームでグラサージュし冷ましておく。

3 クレソンのクリームが固まったら長方形にカットする。

グリビッシュソース

1. グリビッシュソースを作る。

2. 加賀太きゅうりを輪切りにし、種をくり抜きグリビッシュソースでマリネする。

オゼイユソース

1. オゼイユと牛乳をミキサーにかけパッセし、マヨネーズを加える。

バヴァロア

1. **A**の材料でバヴァロアを作る。

2. 加賀太きゅうりに添える。

仕上げ

1. 加賀太きゅうりに**B**の材料を飾り付け、オンブルシュヴァリエをのせオゼイユのソースを打つ。

Tour d'Argent Tokyo　トゥールダルジャン 東京｜ルノー・オージエ　107

カルディナール風 リ・ド・ヴォーのブレゼ 燻香ビスクソース

Ris de veau braisé façon Cardinal dans une fine coque de farce
sauce bisque liée au jus de presse

カルディナールは、フランス料理伝統の赤い甲殻類のソース。このソースでオマール海老とリ・ド・ヴォーをブレゼし鶏のムースで包み仕上げる。海の幸と陸の幸を組み合わせテール・エ・メール（大地と海）を表現した。たまねぎを燻製してビスクと合わせ、燻香の薫るビスクソースをアクセントにする。

材料

鶏のムース
鶏むね肉……………………… 50g
卵白 …………………………… 1/2個
35%クリーム………………… 25g

A
もも肉のコンフィ…………… 100g
鶏のムース…………………… 50g
たまねぎのコンフィ………… 20g
クルトン……………………… 20g
グラスヴィアンド…………… 20g
イタリアンパセリ…………… 適量

ブレゼ
たまねぎ……………………… 25g
ポワロー……………………… 20g
にんじん……………………… 25g
セロリ………………………… 15g
シャンピニオン……………… 35g
リ・ド・ヴォー……………… 50g
オマール海老………………… 50g
エストラゴン………………… 10g
カイエンペッパー…………… 適量
コニャック…………………… 適量
オマール海老のブイヨン…… 200g
オマール海老の頭…………… 2個

オマール海老のブイヨン
オマール海老の頭…………… 5個
たまねぎ……………………… 100g
にんじん……………………… 50g
セロリ………………………… 25g
トマト………………………… 4個
コニャック…………………… 30cc
白ワイン……………………… 30cc
水……………………………… 400cc
イタリアンパセリ、エストラゴン、タイム
………………………………… 適量

ビスクソース
オマール海老のブイヨン…… 200g
燻製にしたたまねぎ………… 50g
オマール海老のコライユ…… 20g
無塩バター…………………… 30g
45%クリーム………………… 60g

B 仕上げ
車海老………………………… 4個
紫だいこん…………………… 1/8個
マイクロハーブ、アサツキ… 適量

作り方

ファルス

1　鶏のムースを作りAの材料をすべて合わせておく。

ソース・カルディナル

1　オマール海老の頭をよくソテーする。香味野菜を入れてさらにソテーし、トマトを加える。水分が飛んだら、コニャック、白ワインでデグラセし、水を入れて微沸騰の状態にしてハーブを入れ、味が出るまで火にかける。味が出たらパッセしておく。

2　オマール海老の頭を細かくしプレス機で絞る。

3　オマール海老の頭を絞ったジュとオマール海老のブイヨンを合わせてゆっくり火を入れ、ソース・カルディナールを作る。

4　リ・ド・ヴォーとオマール海老をソース・カルディナールを使いブレゼする。

5 　4のブレゼをシリコン型に流し冷やし固める。

6 　上記のブレゼを鶏のムースで包み、火を入れる。

ビスクソース

1 　オマール海老のビスクを作り、燻製にしたたまねぎを加えミキサーにかける。パッセしソースとする。

仕上げ

1 　ブレゼを包んだ鶏のムースの上に B を飾り付ける。

Tour d'Argent Tokyo　トゥールダルジャン 東京｜ルノー・オージエ　111

大分県産仔山羊のロースト
プロヴァンス風
清爽なズッキーニのコンフィと
タジャスカ産オリーブと蕪のブレゼ

Chevreau d'Oita à la Provençale,
courgettes vertes confites à l'huile de sarriette
et petit farci de navet aux olives noires

　仔山羊をエレガントなプロヴァンス風に仕立てたひと皿。仔羊に似ているが、より優しく上品。ズッキーニのコンフィにサリエットというハッカに近いハーブを使い清涼感を出した。マイルドで軽やかな、アーモンドのような香りを漂わせるイタリアのタジャスカ産オリーブの風味豊かなかぶのブレゼを添え南フランスらしさを表現した。

材料

A
大分県産仔山羊の鞍下肉……… 1枚

B ヴィエノワーズ
トマトコンフィ……………… 40g
ニンニクのコンフィ………… 40g
マジョラム……………………… 3g
ポマードバター……………… 35g
パン粉………………………… 100g

C マルムラード・ポワヴロン
たまねぎ………………………… 2個
赤ピーマン……………………… 2個
トマト…………………………… 2個

D かぶのブレゼ
ミニかぶ………………………… 4個
タジャスカ産オリーブ……… 20g
たまねぎ………………………… 1個
スペック……………………… 20g

ズッキーニ
ズッキーニ……………………… 2個
たまねぎ………………………… 2個
スペック……………………… 50g
トム・ド・シェーブル……… 20g
ローズマリー…………………… 5g
ニンニク………………………… 1個
オリーブオイル…………… 100cc
サリエット……………………… 5g
いんげん………………………… 4個

ジュ
仔山羊のスジ………………… 300g
たまねぎ…………………… 1/8個
ニンニク………………………… 1個
フォン・ド・ヴォー……… 500g
黒胡椒…………………………… 3g
セージ…………………………… 2g

作り方

1 Aを掃除をし、ロティする。スジはジュで使うため小さくカットしておく。

2 Bをすべて合わせてヴィエノワーズを作り、仔山羊のロティの上にのせサラマンダーでグラチネする。

3　**C**をすべて合わせマルムラードを作る。

4　**D**の材料でかぶのブレゼとかぶのファルシを作る。

ズッキーニ

1　ズッキーニをスライスしてコンフィにし、残りのズッキーニとたまねぎ、スペック、トム・ド・シェーブルを使いラグーを作る。

2　上記のラグーをズッキーニのコンフィで巻く。

仔山羊のジュ

1　仔山羊のスジをロティし野菜を加える。

2　フォン・ド・ヴォーを加え煮詰め、パッセしジュを取る。

仕上げ

1　かぶのブレゼ、ズッキーニのコンフィ、マルムラード、いんげん、ハーブを皿に盛り付け、グラチネした仔山羊をのせる。

Tour d'Argent Tokyo　トゥールダルジャン 東京｜ルノー・オージエ　115

Foie gras

フォワグラのポシェ 干し草の芳香
ドフィネ風ラヴィオリと
彩り豊かなキャロットヴィシー

Foie gras de canard poché dans un bouillon de foin
raviole du Dauphiné et carotte de couleurs à la Vichy

故郷のサヴォワは寒く、冬は雪で覆われるためハーブが育たない。そのためサヴォワでは、ハーブの代わりに干し草をよく使う。サヴォワのチーズを使って、ドフィネ風ラヴィオリを作り、ローヌアルプの郷土料理に落とし込む。付け合わせに、古典的な惣菜、キャロットヴィシーを添える。

Tour d'Argent Tokyo　トゥールダルジャン 東京｜ルノー・オージエ　117

材料

フォワグラ
- フォワグラカナール ……………… 500g
- 塩 ………………………………… 5g
- 白胡椒 …………………………… 1g
- キャトルエピス …………………… 1g
- 干し草 …………………………… 100g
- チキンブイヨン …………………… 1ℓ
- ミルポワ ………………………… 適量

ガルニチュール
- 黄色、オレンジ、紫にんじん …… 各1/2個
- 紫だいこん ……………………… 1/4個
- 無塩バター ……………………… 40g
- チキンブイヨン …………………… 60g
- ローリエ ………………………… 1個
- イタリアンパセリ ………………… 適量
- 豚足 ……………………………… 1個

ラヴィオリ
- サンマルスラン …………………… 1/2個
- フィーヌゼルブ（イタリアンパセリ、セルフィーユ、シブレット）……………………… 15g
- カメリア ………………………… 100g
- 白ワイン ………………………… 50g
- 塩 ………………………………… 適量

仕上げ
- マイクロハーブ …………………… 適量

作り方

フォワグラ

1. フォワグラを半日マリネしておく。

2. ブイヨンを温め、マリネしておいたフォワグラをポシェし火を入れる。

3. 干し草を使い燻製をかける。

ガルニチュール

1. カットした野菜それぞれを塩とバターとともに真空パックし火を入れる。

2. 火を入れて骨をはずした豚足を粗みじん切りにし、イタリアンパセリのアッシェと合わせてシート状にしてカットする。

ラヴィオリ

1. カメリア、白ワイン、塩でラヴィオリの生地を作る。

2. 生地にサンマルスラン、フィーヌゼルブを合わせたものを包みドフィネ風ラヴィオリを作る。

3. フォワグラのキュイソンでラヴィオリをボイルする。

仕上げ

1. 野菜、ラヴィオリを盛り付けマイクロハーブを飾り付ける。

2. フォワグラのキュイソンをパッセしソースとする。

Filet de bœuf

あか牛のフィレ肉 備長炭グリエ
シャトーブリアンソース
トマトとジロール茸のポルトガル風カネロニ

Filet de boeuf grillé à la Chateaubriand
fondue de tomates à la Portugaise et giroles bordelaises

エスコフィエの『料理の手引き Le Guide Culinaire』に出てくるクラシックなソース、シャトーブリアン。白ワインベースのソースをレモンのほど良い酸味とエストラゴンの風味豊かなバターでモンテする。和牛は脂が多く、ソースにもバターを使っているため、あえてあか牛を使い脂をおさえた。付け合わせにはトマトフォンデュを用いたクラシックなポルテュゲーズのカネロニを添えた。

Tour d'Argent Tokyo トゥールダルジャン 東京 | ルノー・オージエ   121

材料

A 牛フィレ肉
- 熊本県産あか牛 フィレ肉 ……… 100g
- レモン ……………………………… 1/2個
- オリーブオイル …………………… 40g
- タイム、ローリエ、パセリ ……… 適量
- エシャロット ……………………… 20g
- 塩、胡椒 …………………………… 適量

ソース
- **a** 白ワイン …………………………… 100g
- エシャロット ……………………… 1個
- シャンピニオン …………………… 20g
- タイム、ローリエ、エストラゴン … 適量
- ミニョネット ……………………… 適量
- ジュ・ド・ヴォー ………………… 200g

C エストラゴン・バター
- 無塩バター ………………………… 100g
- イタリアンパセリ ………………… 1枝
- セルフィーユ ……………………… 1枝
- エストラゴン ……………………… 1枝
- レモン ……………………………… 1個

トマトフォンデュ ポルテュゲーズ
- **a** トマト ……………………………… 4個
- たまねぎ …………………………… 1個
- ニンニク …………………………… 1個
- ブーケガルニ ……………………… 1束

- **b** だいこん …………………………… 1/2個
- ジロール茸 ………………………… 100g
- 枝豆 ………………………………… 100g
- ニンニクのコンフィ ……………… 5g
- パセリ（アッシェ）……………… 2g

仕上げ
- ジロール茸 ………………………… 30g
- ミニトマト黄色 …………………… 5個
- ミニかぶ …………………………… 2個
- かぶの葉オイル …………………… 適量
- 食用花、マイクロハーブ ………… 適量

作り方

牛フォレ肉

1. フィレ肉を**A**の材料でマリネし、グリエする。

トマトフォンデュ ポルテュゲーズ

1. **a**の材料でトマトのフォンデュを作る。

2. **b**の材料のだいこん以外を**1**と合わせ、ポルテュゲーズを作る。

3. だいこんのシートに火を入れる。

4. 火を入れただいこんのシートでポルテュゲーズを巻きカネロニを作る。

エストラゴン・バター

1. **C**の材料でエストラゴン・バターを作る。

シャトーブリアンソース

1. **a**の材料でレデュクションを作りジュ・ド・ヴォーを加え煮詰め、パッセしておく。

2. エストラゴン・バターでモンテする。

仕上げ

1. ポルテュゲーズのカネロニを皿に置き、ソテーしたジロール茸と黄色ミニトマトのコンフィを盛り付ける。

2. ハーブをカネロニに飾り付けかぶの葉のオイルを打つ。半分にカットした牛肉をのせる。

Homard

オマール海老のスフレ ブールブランソース
モン・サン＝ミッシェルのムール貝と
グリーンピースのラグー
南仏野菜のマレシェール

Homard bleu en soufflé, sauce beurre blanc,
petits pois à la Française aux moules

オマール海老のスフレ、プティポワフランセーズ、ブールブランと
いったクラシックな料理とモン・サン＝ミシェルのムール貝のラグー
を合わせオリジナルにアレンジした。ブールブランには、ムール貝の
ジュをアクセントに。軽やかなオマールのムースにオマール海老のカ
ルパッチョと彩り豊かな野菜を添え華麗なひと皿に仕立てる。

材料

スフレ
オマール海老	1/2本
帆立	75g
卵白	1個
無塩バター	65g
45％クリーム	10cc

A モン・サン＝ミシェルのムール貝のラグー
グリーンピース	100g
新たまねぎ	20g
モン・サン＝ミシェルのムール貝	100g
無塩バター	20g
セロリ	5個
シュクリーヌ	1/4個

ソース
エシャロット	20g
白ワイン	25g
白ワインヴィネガー	32g
無塩バター	40g
モン・サン＝ミシェルのムール貝のジュ	25g
レモン	1/8個
白胡椒	1g

仕上げ
オマール海老	1/2本
アーティチョーク	1個
赤たまねぎ	1個
ズッキーニ	1個
黄色ズッキーニ	1個
マイクロハーブ	適量

作り方

スフレ

1　オマール海老、帆立をミキサーにかける。

2　残りを加えスフレのベースを作る。

3　型に流し火を入れる。

モン・サン＝ミシェルのムール貝のラグー

1　Aの材料を合わせ、ラグーを作る。

ソース

1. エシャロット、白胡椒、白ワイン、白ワインヴィネガー、ムール貝のジュを煮詰めレデュクションを作る。

2. レデュクションにバターをモンテしていき、ブールブランソースを作る。

仕上げ

1. オマール海老をカルパッチョ仕立てにし、スフレの上にのせ、ラグーを盛る。

2. ラグーの上に残りの食材を飾り付ける。

3. 皿にソースを流し、その上にオマール海老のスフレをのせる。

Dessert

エキゾチックフルーツのアスピック
パヴォロヴァ M.O.F. 2019

Pavlova, aspic de mangue et papaye
réalisation Renaud Augier pour le M.O.F. 2019

　M.O.F.の試験で課題であった、思い入れ深いデセール。エキゾチックフルーツのアスピックと焼きメレンゲを用いた一品。焼いたメレンゲに生クリームを詰め、フルーツで飾ったパヴロヴァは、ロシアのバレエダンサー「アンナ・パヴロワ」をモチーフに作られたといわれている。焼きメレンゲの外側はサクサク、内側はふんわりとした食感が特徴。フルーツやクリームと一緒に楽しむが、今回は、フォルムの美しい球体のメレンゲに南国のフルーツのアスピックを合わせ、華やかな味わいに。

Tour d'Argent Tokyo トゥールダルジャン 東京 | ルノー・オージエ

材料

フレンチメレンゲ

クリームターター	2g
酢	10g
卵白	200g
砂糖	200g
粉糖	200g
コーンスターチ	50g

シブースト

マンダリンオレンジジュース	124g
グレープフルーツジュース	124g
卵黄	56g
コーンスターチ	24g
ゼラチン	8g
砂糖	40g

イタリアンメレンゲ

卵白	150g
砂糖	150g
水	120g

クレームアングレーズ

牛乳	150g
クリーム	100g
砂糖	50g
卵黄	65g
レモン	1個
マンゴーピュレ	50g

レモンジュレ

レモン	4個
水	450g
砂糖	150g
ゼラチン	20g

フルーツ

バニラ	2個
マンゴー	2個
パパイヤ	2個
バナナ	1個
パイナップル	1/4個
ラム酒	50g

作り方

フレンチメレンゲ

1 フレンチメレンゲを作る。

2 ドーム型に絞っていく。

3 よく乾かしケースとする。

シブースト

1 クレームパティシエールを作り、ゼラチンを加える。

2 イタリアンメレンゲを合わせ、シブーストを作る。

3 メレンゲのケースにシブーストを流す。

アスピック

1. フルーツをカットし、バニラとラム酒でマリネしておく。

2. ドーム型にレモンジュレを薄くはり、成形したマンゴー、パパイヤをシュミゼしておく。

3. マリネしておいたフルーツを2のドーム型に詰め、レモンジュレを流し冷やし固める。

4. 固まったらドーム型からはずし、シブーストを流したメレンゲのケースの上にのせる。

＊ケースの下部を安定するように少し削っておく。

クレームアングレーズ

1. アングレーズを作る。

2. 1にマンゴーピュレを合わせソースとする。

仕上げ

1. ソースを添える。

Dominique Bouchet Tokyo

ドミニク・ブシェ トーキョー

伊藤 翔
Sho Ito

師ドミニク・ブシェ氏が最も尊ぶ理念、「エリタージュ(継承)」を受け継ぐ

ジョエル・ロブション氏の薫陶を受け、「トゥール・ダルジャン」「オテル・ド・クリヨン」といった名店の総料理長として活躍。独立後は、自身の店をパリ8区にオープン、2013年に日本に進出したドミニク・ブシェ氏。次世代への継承をテーマに掲げ、昔ながらのフランス料理を時代に沿った"進化するクラシック"として新たに甦らせてきた。「エリタージュ」とは、ドミニク・ブシェ氏が最も尊ぶ理念である。その意志を受け継ぎ現在、采配を振るうのが伊藤翔シェフだ。

高校のとき、将来は技術職に就きたいと考え、料理人の道へ。日々、家庭で食事の手伝いをしているうちに料理に興味をもった。「食べているときが一番幸せ」な気持ちを自分とゲストが共有できたらと、高校卒業後、横浜の「霧笛楼」で修業をスタート。専門学校に行くより早く実践で学びたい、と考えた。

洋食志望だったが、まったく未知の世界だったフランス料理に惹かれた。骨や筋でソースを作り、肉を焼いてソースに合わせる。食材すべてを使い切るため、ひと皿の中にはいろいろなストーリーが詰まっている。

フランス修業に行くことは早くから決めていた。「霧笛楼」に7年勤め、一通りのポジションを経験したところで渡仏。フランス人のシェフのもとで仕事をしてみたかったからだ。

働くなら星付きのレストランで、とミシュランガイドを片手に片っ端から連絡を取るが門前払いが続く。ようやく修業の場が決まったのは、パリの一つ星店「ドミニク・ブシェ」。店に出向き直接本人に働きたい思いを訴えた。

幸い現場のシェフは日本人。料理はもちろん、フランス文化についても教えてもらうことができた。日本との違いを感じたのは、時間の使い方だった。限られた時間の中で仕事に従事するフランス式考え方。日本との仕事の取り組み方の違いにとまどいもあったが、リスペクトすべき点でもあった。

渡仏して1年、ビストロの「レ・コパン ドゥ ドミニク・ブシェ」が東京にオープンすることになり帰国。オープニングスタッフに加わった。その後28歳の若さでシェフのポジションを任された。まわりのスタッフに助けてもらいながら、少しずつ自分の中のリズムが確立し、新しい料理を研究するようになる。そのころ、「クラシックな料理」に興味を持ち勉強し始めた。

もともとブシェ氏の料理は古典的なフレンチであったことからベースはできていた。その上でブーダンなど経験のない料理も試してみたい、とブシェ氏監修のもとさまざまな料理に挑戦していく。テクニックを習得していくにつれて、自分なりに考えてアレンジすることがおもしろくなってきた。ビストロとレストランでは料理も変わり、引き出しが増えたことも収穫だった。

まだまだ模索中ではあるが、少しずつ自分の料理を表現できるようになってきたと感じている。これからは、自分のスタイルを追求していきたい。

下処理、調理工程には、時間もかかり人手も必要なフランス料理。いかに手間を惜しまず妥協しないか。たいへんな仕事だが、自分の作った料理に感動してもらえることでやりがいを感じる。「クラブ・エリタージュ」のメンバーの中では、年齢が一番下の自分が、若い料理人と上のシェフたちとの橋渡しができる立場として活動していきたい。

Dominique Bouchet Tokyo ドミニク・ブシェ トーキョー｜伊藤 翔 133

ガレット・ド・ピエ・ド・コション

Galette de pied de cochon

　ブシェ氏のピエ・ド・コションのレシピは、見た目は素朴だが、中に入っている食材は多彩。豚足、香味野菜、にんじん、セロリ、たまねぎ、ハーブ類に加えて、フォワグラも入れてリッチな味わいになるように仕上げる。手間暇をかける分、ゼラチン質やコラーゲンなどさまざまな要素が融合して深みが出る。付け合わせのじゃがいものピュレは、ブシェ氏の師匠であるロブション氏のレシピを参考にしている。バターをしっかり入れてじゃがいもの旨みになめらかさを出し、最後にトリュフで香りをつける。パリの「ドミニク・ブシェ」で働いたときに学んだレシピで、東京の「レ・コパンドゥドミニク・ブシェ」、京都の「ドミニク・ブシェ キョート ル・レストラン」で、今もたびたび登場する。レシピはシンプルながら、バターの使用量が多いため、うまく乳化させることが料理人のテクニックとして問われるところ。しっかり繋がったピュレを作れるようにすることがポイントとなる。ぼやけた味わいになってしまわないようにきっちり塩・胡椒し、下処理の段階で香味野菜の香りと味をつける。仕上げにソース・ポルトをかけるが、中にもソース・ポルトを入れ、その旨みとポルトの甘みをしっかり足して輪郭をはっきりさせるように味付けする。

Dominique Bouchet Tokyo ドミニク・ブシェ トーキョー｜伊藤 翔　135

材料

豚足·····················5本

たまねぎ·················1個
にんじん·················1本
セロリ···················1本
ニンニク·················1個
ブーケガルニ·············適量
塩·······················適量

アパレイユ用
ソース・ポルト···········50cc
フォワグラ···············80g
たまねぎ·················1/2個
にんじん·················1/4個
エストラゴン·············1束
パセリ···················1束

ソース・ポルト
エシャロット·············100g
赤ポルト酒···············300g
フォン・ド・ヴォー·······600g

じゃがいもピュレ
メークイン···············100g
無塩バター···············100g
牛乳·····················50g
トリュフ·················適量

作り方

1 豚足を流水で30分ほど流し、氷水につけて1日冷蔵庫で臭み抜きする。

2 豚足を鍋に入れて水から3回吹きこぼす。

3 もう一度水から沸かして沸いたら香味野菜、ブーケガルニ、塩を入れて3時間ほど弱火で煮る。

4 串を刺してすっと入るまでやわらかくなったら引き上げ、すべての小骨を取り除きバットにならして冷蔵庫で冷やす。

5 冷え固まったら包丁で細かくカットして鍋に移す(このときに小骨が残っていないかよくチェックする)。

6 たまねぎ、にんじんを細かくカットしてそれぞれ火入れする。

7 フォワグラはポワレして火入れをしておき0.5cm角にカットする。

8 温まった豚足に塩・胡椒で味付け、フォワグラ、香味野菜、温めたソース・ポルトを入れて味付けする。最後にエストラゴン、パセリを入れてバットに流す。

9 冷えたら型で抜きパネする。

10 180℃の油できれいに色付くように揚げる。

ソース・ポルト

1 エシャロットをエマンセにしてバターでスュエする。

2 水分が飛んだら赤ポルト酒を入れてしっかり煮詰める。

3 フォン・ド・ヴォーも入れ、さらに煮詰めて味が馴染んだらシノワで濾す。

じゃがいもピュレ

1 じゃがいもを皮付きで水から茹でる。

2 串が刺さるくらい柔らかくなったら皮を剝きタミゼする。

3 鍋に牛乳を少量入れ温め、そこに茹でたじゃがいもを入れ、カットしたバターを分離しないように少しずつ入れる。

4 塩・胡椒で味を調え、最後にトリュフを入れる。

ロニョンとリ・ド・ヴォーのタンバル

Timbale de rognon et ris de veau

　ロニョンを使っているレストランはフランスでもあまり見かけなくなったが、初めてロニョンを食べたのも、実際に食材を触ったのもパリのブシェ氏の店だった。日本人には馴染みがない食材だが、こりっとした食感が独特で、フランスならではのおいしさに感激した。以来、個人的に好きな食材の一つである。一方、リ・ド・ヴォーは、比較的日本でも使われている食材だが、少しレバーのような臭みが残る。最初にブランシールし、プレスして水分を抜き下処理をしっかり行う。

　リ・ド・ヴォーの柔らかさとロニョンの食感の2種類を合わせ、珍しい食材同士をうまく合わせてソースを最後の仕上げにからめる。

　フランス料理らしいこうした貴重な食材を使った料理は、現在も、ブシェ氏のレシピを使い、店で提供しているが、今後も受け継いでいきたい。若い料理人たちにもぜひ知ってもらいたい料理だ。大切なポイントは、食材の鮮度と掃除の仕方。この二つの食材は、臭みが残ってしまうと嫌われる可能性がある。特にロニョンは、尿道の近くにあり臭みが回りやすいため、新鮮なものを使うこと。また、脂と筋がしっかり入っているので、ていねいに取り除いて臭みが残らないように下処理する。火を入れすぎると硬くなって臭みがより出てしまうので、火入れのタイミングを覚える必要がある。今回使用したロニョンは、フランスのブルターニュ産。フランスからの輸入ものは、掃除されていない状態なので、しっかり下処理をしなければならない。

材料

ロニョン・・・・・・・・・・・・・・・・・・・・・100g

リ・ド・ヴォー・・・・・・・・・・・・・・・・100g
エシャロット・・・・・・・・・・・・・・・・・10g
生クリーム・・・・・・・・・・・・・・・・・・・50g
ソース・ポルト・・・・・・・・・・・・・・100cc
モリーユ茸・・・・・・・・・・・・・・・・・・適量
ブッカティーニ・・・・・・・・・・・・・・・適量

モルネー・ソース

無塩バター・・・・・・・・・・・・・・・・・・20g
強力粉・・・・・・・・・・・・・・・・・・・・・・・20g
牛乳・・・・・・・・・・・・・・・・・・・・・・・・150g
パルメザンチーズ・・・・・・・・・・・・10g

作り方

1 ブッカティーニを牛乳と湯で茹で、火が入ったら水気を切り、バットに並べて冷やす。

2 上からソース・モルネーをかけてならす。

3 バターを塗ったセルクルにクッキングシートを敷きカットしたブッカティーニを並べる。

4 温めた鍋にバターを入れてエシャロットをスュエする。

5 ソテーしたリ・ド・ヴォーとロニョンを4に入れて、コニャックでフランベする。

6 ソース・ポルト、生クリームで味付けをしてモリーユ茸を加える。

140

7 温めたブッカティーニをお皿に盛り付け中に6を入れ、セルクルをはずす。

帆立貝のクネル
ソース・ボンファム

Quenelle de Saint-Jacques sauce Bonne Femme

　クラシックな調理法のクネルは、店でもよく出しており、ソース・ビスクをたっぷりかけて、シンプルに提供している。今回は、クラシックなソース・ボンファムを使った。以前、店で出していたときは、舌平目を使っていたが、今回はクネルにソース・ボンファムをかけてグラチネにした。いつもとは異なる組み合わせにトリュフの香りを添える。ブシェ氏のソースのレシピを使っているが、帆立貝を使ったのはオリジナルの発想。

　ソース・ボンファムは、3種類混ぜて作っている。それぞれの役割があり、一つ目がブールブラン。バターの風味と白ワインの香り、酸味を効かせている。ボンファムは、バターと卵が入ったソース。ある程度の酸や白ワイン風味を効かせないと、食べたときに重く感じてしまう。その意味で、ブールブランは酸味を効かせたものを作って混ぜている。最後のソース・オランデーズは、特徴のあるレシピではなく、ごくシンプルなもの。かなりバターを使い、卵をベースに作っているため、バターの存在感が出すぎないように量を少し控えめに。卵の風味を残すようにしっかりと火を入れて、ふわっと仕上げる。

　生クリームは、6分立てぐらいがベスト。立てすぎるとボソボソになり、充分立てないと濃度がつきにくい。3種類のソースを同じ割り合いで混ぜて、しっかりバターと卵の風味が残るように仕上げる。

Dominique Bouchet Tokyo　ドミニク・ブシェ トーキョー｜伊藤 翔　143

材料

帆立ムース

帆立 ……………………… 250g

塩	1%
胡椒	適量
卵白	17g
生クリーム	200g
シャンピニオン・デュクセル	適量
マッシュルームトゥルネ	人数分

ソース・ボンファム

ブールブラン
白ワイン	60cc
白ワインヴィネガー	8cc
エシャロット	20g
生クリーム	15cc
無塩バター	50g

クレーム・モンテ ……………… 適量

ソース・オランデーズ
卵黄	2個
水	50cc
無塩バター(澄まし)	50g
レモン果汁	適量
塩・胡椒	適量

作り方

1 帆立の紐をはずし、塩・水で洗いしっかりと水分を拭き取り、塩・胡椒で味付けする。

2 ロボクープで帆立を攪拌して、少量ずつ卵白を入れる。

3 氷に当てたボウルに攪拌した帆立を入れ、生クリームを少しずつ加えてしっかり混ぜ、冷蔵庫で冷やす。

4　お皿にデュクセルを敷き、その上にポシェしたクネルを3つのせて上からソース・ボンファム（生クリーム1：ブールブラン1：ソース・オランデーズ1）をかけ、サラマンダーで焼き上げる。

5　最後にマッシュルームトゥルネを真ん中に飾る。

Dominique Bouchet Tokyo　ドミニク・ブシェ トーキョー｜伊藤 翔

Foie gras

フォワグラのコンフィ
ブーダンノワール

Foie gras confit et Boudin noir

　フォワグラは個人的に好きな食材で、さまざまな調理法を行っているが、コンフィにしてみようと思ったのは、ブーダンとともに食べたときに、お互いの良さをより感じられるからだ。

　フォワグラのマリネは、ブシェ氏のレシピで学んだもの。個人的にシャルキュトリーを作ることを得意としているので、ブーダンノワールを合わせて用いた。盛り付けに高級感を出し、レストランらしい一品として店でも出している。

　フォワグラは、火を入れると脂が抜けてしまうので、脂が出過ぎてパサつかないように火を止めるタイミングに気をつける。身の中にある程度脂が残っているフランス産しか使わない。もちろん、最初に脂をある程度出さないと食べたときに重たく感じるので、ちょうどいい火入れを経験と感覚で覚えることが必要になる。

材料

フォワグラ･････････500g

マリネード
塩･････････5g
胡椒･････････1.5g
ピノー・デ・シャラント･････････50cc

ブーダンノワール
120℃湯煎　芯温72℃
たまねぎ･････････500g
豚血･････････350g
牛タン（ブランシール）･････････80g
豚背脂（ブランシール）･････････40g
ニンニク（コンフィ）･････････15g
黒胡椒･････････2g
塩･････････5g
キャトルエピス･････････2g
生クリーム･････････100g

ビーツピュレ（フランボワーズ ヴィネガー）･･適量
バルサミコレデュイ･････････適量
ブリオッシュ･････････1枚
りんごコンポート･････････20g
ポルトシート･････････1枚

作り方

1 フォワグラの血管、筋を掃除して分量のマリネードで3時間マリネする。

2 真空袋に入れて58℃のヴァプールで20分火入れする。火が入ったら袋から取り出し、脂を拭き取りトヨ型に押し込んで整形する。

3 たまねぎアッシェをしっかりと甘みが出てくるくらいまで鍋でスュエする。

4 塩、エピスを入れ、火にかけたら生クリーム、豚背脂、牛タン、豚血を入れ火にかける。

5 少し濃度がついたらトヨ型に流し入れ、120℃の湯煎で芯温が72℃になるまで火入れをしてから冷やす。

6 フォワグラとブーダンをカットして間にポルトのシートを挟み組み立てる。

7 盛り付けしてブリオッシュを添える。

Filet de bœuf

牛フィレのロティ
ポムスフレ ソースキャトルポワーヴル

Filet de bœuf rôti, pommes soufflées, sauce quatre poivres

　和牛のフィレ肉は、シンプルにロティした料理を店でも出しているが、今回使うソースは、ブシェ氏のスペシャリテである4種類の胡椒を使ったキャトルポワーヴル。4種類合わせることによってさまざまな深みや風味が出る。

　付け合わせは、クラシックなポムスフレ。食材自体はじゃがいもとサラダ油のみ。ポテトチップスでもおいしいが、中に空気が入っていることで、よりサクッとした食感が楽しめる。

　ポムスフレは、膨らませることが難しく、2種類の温度帯の油を2回使う。まず、100℃から110℃ぐらいでじっくりと火を入れる。薄いと空気が入って膨らますためのすきまがなくなってしまうため、厚さは2ミリぐらいベスト。最初の温度でしっかりと空気を含ませ、2回目は170℃ぐらいの油を用意しておき、じゃがいもに気泡が入っていれば温度差でぐっと膨らむ。シンプルにみえて料理人のテクニックが問われるひと品である。

Dominique Bouchet Tokyo ドミニク・ブシェ トーキョー｜伊藤 翔

材料

ソース・ポワーヴル

黒・白・緑・ピンクペッパー	各2g
エシャロット	25g
ソース・ポルト	200cc
フォン・ド・ヴォー	200cc
無塩バター	30g

牛フィレ

和牛フィレ	150g
ジロール茸	30g
アスパラガスピュレ	適量
アスパラガス	3本
ポレンタ	適量
ポム・スフレ	適量

ポレンタ生地

38%純生クリーム	50cc
牛乳	200g
フォン・ブラン・ド・ヴォライユ	50cc
ポレンタ	40g
ドライレーズン	10g
トリュフ（アッシェ）	10g
無塩バター	20g
塩	適量
白胡椒	適量

作り方

1 エシャロットをアッシェにしてバター（分量外）でスュエする。

2 ミニョネットにした4種胡椒を1に入れ、軽く炒めて胡椒の風味を引き出す。

3 ソース・ポルトを入れ、少し煮詰めて、味をなじませ、適量のバターでモンテしパッセする。

4 メークインを2mm厚にスライスして直径4cmのセルクルで抜き、キッチンペーパーで水気を拭き取る。

5 油を2種類用意する。1つは100〜120℃の油。もう1つは170℃のもの。

6　温度が低いほうの油にスライスしたじゃがいもを入れ、10分弱ゆすりながらじゃがいもに空気を含ませるように火入れをする。

7　じゃがいもの中心に空気が入ったら170℃の油に入れて膨らませる。油をかけながらサクッとなるように仕上げる。キッチンペーパーにあげて油を切り、軽く塩をする。

8　牛フィレの掃除をしてタコ糸で巻く（そのほうが焼き上がりがきれいに仕上がるため）。焼く20分ほど前に室温にもどしておく。

9　焼く直前に塩打ちをしっかりする。熱したフライパンで表面にじっくり色付けながら全面焼き上げる。

10　オーブンに3分ほど入れ、3分休ませる。これを2回くらい繰り返す（個体や大きさによって火入れの時間が変わるのであくまでも目安）。

11　最後に表面をもう一度フライパンで焼き、カットする。

12　盛り付けしソースをかける。

Homard

オマールのパルマンティエ
ブールブランソース

Parmentier de homard sauce beurre blanc au caviar

オマールは、ブシェ氏のスペシャリテ。パルマンティエは、じゃがいもと牛肉を層にしてグラタンのように焼き上げて食べる家庭料理。レストランでパルマンティエ？　と思われるかもしれない。オマール海老のアパレイユには濃厚なソースビスクを絡め、まわりにはキャビアとブールブランを添えて、レストランならではの料理に昇華させた。

クールブイヨンで火を入れすぎないようにすることが重要。下処理の際、どれぐらいで火を止めるか逆算して火入れをする。仕上がったときにまろやかになることがポイント。ビスクソースをしっかりとり、オマールに絡んだときに風味が残るようにする。

時間の目安はあるが、殻の大きさも身の凝縮感も違うので、作りながら臨機応変に対処できるように経験を積むしかない。

Dominique Bouchet Tokyo ドミニク・ブシェ トーキョー｜伊藤 翔

材料

オマールブルー	1尾
クールブイヨン	500cc

ソース・ビスク

オマールヘッド	5kg
エシャロット	1kg
トマト	6個
スターアニス	30g
セロリ	100g
ニンニク	1個
にんじん	100g
エストラゴン	5束
トマトペースト	200g
白ワイン	100cc
コニャック	150cc
芋ピュレ	50g
ブールブランソース	40cc
キャビア	4g
シブレット	適量

作り方

1. オマールは爪、尾、頭に分ける。頭はソース・ビスク用に取っておく。爪、尾はクールブイヨンで火を通す。

2. 火を入れたオマールは1cm角にカットしてしっかりと水気をきる。

3. 温めた鍋にバターを入れてエシャロットをスュエしてオマールを入れ、軽く火を入れる(硬くなりすぎないようにさっと)。

4. ソース・ビスクを入れてしっかりとリエさせ、仕上げにエストラゴンアッシェも入れる。

5 セルクルに4を半分くらいまで敷き詰め、上にじゃがいものピュレをナッペする。パン粉を上からふり、サラマンダーで焼き上げる。

6 皿の中央にオマールをのせて、まわりにキャビアをたっぷりと入れたブールブランソースをかける。

Dessert

スフレ・カフェ

Soufflé au café glace chocolat

　スフレをいかに美しく膨らませるか。大事なのは、卵白の泡立てだ。あまり硬すぎると気泡が入る、かといって緩すぎると火が入ったときに水っぽくなる。6〜7分立てぐらいを目安にするとちょうどよい。スフレは卵白と砂糖で、軽く甘すぎないように仕上げ、温かいスフレに冷たいチョコレートアイスを添え、味と温度のコントラストを楽しむ。

　パリで修業したときに学んだデザートで、グランマニエやフルーツを使ったスフレも作っている。今回は、コーヒー、リキュールを用いて、食後にしっかり苦味と甘みを残す、自分が一番好きな味の組み合わせを試してみた。通常は耐熱皿で作るが、熱伝導がいい土鍋を使ってスフレを膨らませた。スフレが斜めになってしまうことがあるので、鍋底から鍋の口までまっすぐバターを塗ること。

Dominique Bouchet Tokyo ドミニク・ブシェ トーキョー｜伊藤 翔　159

材料

アパレイユスフレ

牛乳	500g
エスプレッソ	70cc
コーヒーパウダー	40g
コーヒー豆	50g(ロースト)
コーンスターチ	50g
グラニュー糖	100g
卵白	50g
グラニュー糖	30g
アパレイユカフェ	10g
カルーア	10g
エキストラカフェ	10g

作り方

1 牛乳を温め、そこにコーヒーパウダー、エスプレッソ、ローストしたコーヒー豆を入れて1日アンフュゼさせる。

2 翌日パッセして1を鍋に入れて温める。コーンスターチ、グラニュー糖をそこに入れ軽く煮詰める。

3 バットに流し、ラップをして冷やす。

4 卵白にグラニュー糖を入れて7分立てまで泡立てる。

5 　3をボウルに入れ、少しずつ泡立てた卵白を混ぜ合わせる。

6 　混ざったらブーレした型にグラニュー糖を塗り、空気が入らないように流し入れる。

7 　スパチュールできれいにならして170℃（風なし）のオーブンで7分焼く。

8 　スフレが上がったらグラスショコラを添える。

L'ecrin

銀座 レカン

栗田雄平
Yuhei Kurita

時代の潮流に左右されない、
伝統料理の「今」を追求する

　1974年に誕生した「銀座レカン」。"宝石箱"を意味する店名の通り、シャンパンゴールドに大理石が煌めき、パールを模したシャンデリアがリュクスな空間を演出する。"レカンレッド"のウェイティングバーから始まる特別な饗宴。伝統を受け継ぎながらも新しい創造を散りばめたフランス料理を繰り出す。栗田雄平シェフは、その比類なき老舗の伝統を未来に受け渡す役目を背負い、2020年、8代目料理長に就任した。

　創業以来レカンは、その時代ごとのシェフの特色を前面に出すレストランであり続けてきた。歴代のシェフからルセットやスペシャリテなど、目に見えるものを受け継ぐことは基本的にはなく、それぞれのシェフが個々の「フランス料理」を表現し、個性あふれる進化を遂げてきた。ただ、その中でも、「フランス料理のトラディショナルな部分を大事にする」、この目に見えない根本理念は代々受け継がれてきたものと認識している。

　栗田シェフが料理人の道を目指したきっかけは、自分の手で何かを作る仕事に就きたいという漠然とした思いから。高校3年生の夏休みに都内のフランス料理店でアルバイトを始め、卒業後、その店で働くことを決めた。

　のちに勤めた青山の会員制のホテルや、竹芝「クラブニュクス」、銀座「シェ・トリガイ」、松濤「シェ松尾」などで料理人としての基礎を学んでいく。とりわけ、「シェ・トリガイ」の出崎敏一シェフには、今の自分のフランス料理のベースになる大部分を3年間マンツーマンでしっかり教わった。

　その尊敬するシェフが病気で亡くなり、20代最後の年に渡仏する。フランス生活の長かった出崎シェフにフランスで経験を積むことを勧められていたからだ。修業先は、毎日常連客でにぎわうパリ6区の「ル・プチ・ヴェルドー」。忙しい仕事場だったが、フランスでの仕事は楽しかった。日本で得た技術が正しい方向性だったことを実感した。働きながら次のステップを模索したが、希望するような機会に巡り合えず帰国する。

　まもなく、乃木坂「FEU」からスーシェフとして声がかかった。技術以外にもまだまだフランス文化に触れたい気持ちは募ったが、松本浩之シェフの料理に魅了され、「FEU」でスーシェフとして仕事をする選択をした。スーシェフとしてシェフの求めるクオリティを追求する日々を約8年続け、松本シェフからは、料理人としての哲学から料理まですべてを学んだ。この経験が今、シェフという立場で仕事をする上でのベースとなっている。

　支店であった「ロテスリーレカン」にシェフとして迎えられ、さらに本店「レカン」のシェフとしての役割を担う現在まで、変わらず意識していることは、見た目の美しさにとらわれずおいしく作ること。おいしい料理は必然的に美しいと信じている。そして、時代の潮流に左右されない料理を追求いく。

　2024年レカンは50周年を迎えた。次の50年に向かってレカンのシェフとして受け取ったバトンを渡していくことは、「クラブ・エリタージュ」の活動と共通する。未来に伝えていく責務がおのずと自分の料理の進化にもつながると考えている。

L'ecrin　銀座レカン｜栗田雄平　163

網獲り仔鴨のトゥルト

Tourte de sarcelle

　オーソドックスなジビエのパイ包みではあるが、国産の
ジビエが豊富であることは現代ならではの利点。網獲り
の鴨のため状態がよく、熟成のコントロールがしやすい。
1羽余すところなく使い切り凝縮させて包む、という基本
通りの作り方だが、もともとの鮮度がよく、熟成後も繊細
でクリアな味わいであるため、内臓はファルスにすべて
加え、クリアなジュをベースにカシスでキレのある酸味を
意識したソースに仕上げた。付け合わせはシンプルな
根セロリのピュレと栗のグラッセを添えた。

材料

鹿児島産網獲り仔鴨……………… 2羽
フォワグラ………………………… 50g
黒トリュフ………………………… 少量
ほうれん草………………………… 少量
フィユタージュ…………………… 約200g

ファルス

シャンピニオン・デュクセル……… 20g
仔鴨もも肉 むね肉の端肉 アバ… 2羽分
赤ワイン…………………………… 適量
コニャック………………………… 適量
塩、白胡椒………………………… 適量
エシャロット……………………… 適量
セルフィーユ……………………… 適量
イタリアンパセリ………………… 適量

ソース

赤ワイン…………………………… 250cc
ジュ・ド・サルセル……………… 200cc
クレーム・ド・カシス…………… 30cc
ブール・ド・フォワグラ………… 20cc

作り方

1 仔鴨は羽をむしり、きれいにしてからさばき、各部位をファルスの材料とともに1日マリネする。むね肉の3分の1とフォワグラをフードプロセッサーにかけて裏ごしする。

2 成形したむね肉をのぞいてすべて細かく切る。すべての材料を合わせる。

3 成形したむね肉とフォワグラはフライパンで1度焼き、冷ましておく。

4 すべての材料を組み立ててほうれん草で包み冷蔵庫でしめる。

5 フィユタージュで包み、模様をつけて冷蔵庫でさらにしめる。

6 240℃のオーブンで約8分、200℃に落として6分焼き、寝かせる。提供時に240℃のオーブンで約3分さらに焼く。

7 ソースを作る。仔鴨のガラを細かく切り、銅鍋で焼いていく。香ばしく焼いたらエシャロット、ニンニクを加えてソテーしてからコニャックでデグラッセする。

8 フォン・ブランをひたひたまで注ぎ、蓋をしてオーブンに約40分入れる。

9 漉してから少量の水を注ぎ**2**を取り、グラス状まで煮詰めて**1**と合わせる。

10 ソースの分量の赤ワインとクレーム・ド・カシスを煮詰め、ジュ・ド・サルセルを加えてさらに煮詰め、ブール・ド・フォワグラを加えて味を調えて完成。

11 4つに切り分けて盛り付ける。

仔鳩のシャルトリューズ

Pigeonneau en chartreuse

本来、主となる肉はキャベツとともにブレゼして型に詰め込むが、今回は、むね肉はロティしてしっとりと仕上げ、コンフィにしたもも肉とともにブレゼしたキャベツ、香ばしく焼いた骨と内臓を加えたビスクをベースにしたフランを型に流して蒸している。濃縮したジュはノワゼットのオイルを仕上げに加える。多くの料理人によって現在までさまざまなアレンジがされている。

材料

ランド産仔鳩 2羽

チリメンキャベツ 約100g
にんじん 30g
いんげん 30g
マッシュルーム 6個
フォワグラ（テリーヌ） 20g

仔鳩のジュ

エシャロット 60g
ニンニク 1片
フォン・ブラン 500cc
タイム .... 適量
ローリエ 1枚
ヘーゼルナッツオイル .... 適量
白ワイン .... 適量

仔鳩のフラン　アパレイユ

仔鳩のペースト 100g
シャンピニオン・デュクセル .. 30g
47％クリーム 20cc
牛乳 20cc
白ポルト酒、コニャック ...... 適量
塩、白胡椒、ナツメグ .... 適量
全卵 1個

作り方

1 仔鳩の処理をする。もも肉をはずし、塩・胡椒をふり1日おく。翌日、鴨の脂でコンフィにする。むね肉は骨付きのコッフルの状態にしておく。心臓、肝臓、砂肝は少量のコニャックをふって取っておく。それ以外の内臓を取り除いたガラは細かく切る。

2 仔鳩のジュとペーストを作る。ガラを鍋で焼いていき、途中でバターを少量加えて香ばしく焼いていく。しっかりと焼けたらコンカッセに切ったエシャロットとつぶしたニンニクを加えてソテーする。白ワインでデグラッセし、フォン・ブランを加えて塩とハーブを加え、蓋をして160℃のオーブンに約50分入れる。オーブンから出したら半分をガラごとサーモミックスにかけてペースト状にする。細かいシノワで2度濾す。残りの半分は普通に濾し少し煮詰め、ジュとする。

3 にんじんといんげんを同じ太さのバトネに切り、茹でて冷まし、型の側面に交互に並べる。ペイザンヌに切ったチリメンキャベツをコンフィで使用した鴨の脂で軽くソテーしてほぐしたもも肉を加え、少量のフォン・ブランを加えて蓋をしてブレゼする。キャベツが柔らかくなったら水分をしっかりと飛ばして塩で味を調え、冷ます。心臓、肝臓、砂肝もソテーしてコニャックでフランベして冷まし、細かく切る。

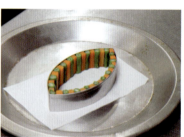

4　フランのアパレイユを作る。シャンピニオン・デュクセル以外の材料を混ぜ合わせ濾し、デュクセルを加える。

5　ボウルに3の材料とデに切ったフォワグラのテリーヌを入れ4を加えて混ぜ合わせる。型に詰めて85℃のスチームコンベクションオーブンに9分入れる。

6　胸肉をロティして休ませ、骨からはずし、皮目をしっかりと焼いて仕上げる。

7　マッシュルームはトゥルネにしてジュの中でブレゼする。ジュは仕上げにヘーゼルナッツオイルを加えて仕上げる。盛り付けて完成。

L'ecrin　銀座レカン｜栗田雄平

舌平目のブレゼ デュグレレ風

Coussin de sole Dugléré

　食材のクオリティの高い今、古典のルセットを再現するときには、基本に忠実でありながらも素材の火入れをどのように調節するか常に模索している。今回は、舌平目の火入れとソースの仕上げを同時進行する際の火入れと提供時の温度を合わせるために、舌平目の上にシャンピニオン・ド・パリの薄切りをかぶせてブレゼした。

材料

黒舌平目(国産) ………………… 2尾

マッシュルーム ………………… 6個

フュメ・ド・ポワソン

舌平目のアラ …………………	2尾
たまねぎ ………………………	10g
セロリ …………………………	10g
フヌイユ ………………………	10g
マッシュルーム ………………	20g
白ワイン ………………………	50cc
水 ………………………………	400cc
白胡椒 …………………………	適量
タイム …………………………	適量
エストラゴン …………………	適量

ソース

エシャロット …………………	40g
トマト …………………………	40g
セルフィーユ …………………	適量
ディル …………………………	適量
イタリアンパセリ ……………	適量
白ワイン ………………………	30cc
ヴェルモット …………………	20cc
フュメ・ド・ポワソン ………	70cc
バター …………………………	20〜30g

作り方

1 舌平目を処理する。皮をはがし、3枚におろす。ごく薄く両面に塩をふり、ペーパーをあてて脱水する。アラは血をよく洗い適当な大きさに切る。

2 フュメ・ド・ポワソンを作る。材料の野菜を薄くエマンセし、色付けないようにスュエする。魚のアラと白ワインを加える。沸かしてアルコールが飛んだら水と岩塩を加える。沸騰したらエキュメして白胡椒と香草を加え、20〜30分煮る。濾して少し煮詰める。

3 エシャロット、トマト、白ワイン、ヴェルモットを鍋に入れ、沸騰したら折りたたんでマッシュルームのスライスをかぶせた舌平目を並べ、蓋をしてごく弱火で1〜2分ブレゼする。

4 舌平目を取り出し、煮詰める。フュメ・ド・ポワソンを加えてさらに煮詰め、バターを加えて味を調える。舌平目をもどし、温めて仕上げに香草を加える。盛り付けて完成。

Foie gras

フォワグラとトルチュのアスピック

Aspic de foie gras et tortue

アスピックは素材の持つクリアな旨みを引き出し閉じ込める、フランス料理の技術の詰まった古典料理である。アレンジの幅の広い料理であることから自分でも作る頻度が高く、また伝えていきたい料理でもある。フォワグラのアスピックもよく作る料理ではあるが、いつもの鴨のコンソメではなく、スッポンのコンソメと合わせた。以前、マデラ酒とともにブレゼしたスッポンとフォワグラをクレピネットで提供していた料理をアレンジした。

材料

鴨フォワグラ･･････････････････ 1個

スッポン･･････････････････････ 1尾
アーティチョーク･･････････････ 適量
ルッコラセルバティカ･･････････ 適量

フォワグラのマリネ
塩････････････････････････････ 6g
グラニュー糖･･････････････････ 3g
白胡椒････････････････････････ 1g
赤塩（sel rose）･･････････････ 2g
白ポルト酒････････････････････ 適量
コニャック････････････････････ 適量

スッポンのコンソメ
スッポン･･････････････････････ 1尾
フヌイユ･･････････････････････ 50g
トマトペースト････････････････ 20g
コニャック････････････････････ 20cc
白ワイン･･････････････････････ 60cc
フォン・ブラン････････････････ 適量
タイム････････････････････････ 適量
しょうが･･････････････････････ 適量
塩････････････････････････････ 適量
卵白･･････････････････････････ 適量

アーティチョーク
アーティチョークポワヴラード････ 5個
白ワイン･･････････････････････ 100cc
ブイヨン・ド・レギューム･･････ 200cc
コリアンダーシード････････････ 3g
ピュアオリーブオイル･･････････ 適量

作り方

1 フォワグラの下処理をする。開いて血管を取り除き、分量のマリナードでマリネして1日おく。真空パックして常温にもどし、55℃のスチームコンベクションオーブンに25分入れ、脂を取り除き、ラップフィルムで筒状に成形する。

2 スッポンの処理をする。生きた状態でさばき、1度茹でこぼして薄皮をむく。鍋に白ワインとコニャックを入れて沸かし、スッポンを加えて数分ブレゼする。その他の材料をすべて加え、沸いたら蓋をして160℃のオーブンで90分煮る。オーブンから取り出しそのまま冷まし1日おく。再度温めてスッポンと液体を分け、スッポンは軟骨と甲羅をはずして冷まし固める。液体ははずした軟骨と卵白を加えて火にかけクラリフィエする。

3 アーティチョークに火を入れ、掃除して切り分ける。コリアンダーをエクラゼして鍋で乾煎りして香りを出し、アーティチョークを加える。軽くソテーしたら白ワインを加えて煮詰め、ブイヨン・ド・レギュームを加えてアーティチョークに火を入れていく。仕上げにオリーブオイルを加えて絡める。

4 セルクル型にラップをぴったり張り、コンカッセにしたスッポンとアーティチョークを入れ、スッポンのコンソメを半分の高さまで注ぎ冷やし固める。

5 フォワグラを切り、その上にのせスッポンのコンソメをいっぱいまで注ぎ冷やし固める。アーティチョークのフリットとルッコラセルバティカとともに盛り付けて完成。

L'ecrin 銀座レカン｜栗田雄平

Filet de bœuf

上州牛フィレ肉のポワレ あみがさ茸添え

Filet de bœuf poêlé aux morilles

　日本は品質の高い牛肉がたくさんあるからこそ、料理のスタイルやソースに合わせてベストなものを選びたいと思っている。赤ポルト酒にあみがさ茸（モリーユ茸）をアンフュゼした薫り高いソース・ポルトが主となるこの皿には、サシが少なく赤身のニュアンスの強い群馬県の上州牛を使用。ソースを作る過程でできた乾燥モリーユ茸のマルムラード、フレッシュモリーユ茸のファルシとアスパラガスのエチュヴェを添えた。

材料

群馬県上州牛フィレ肉............80g

モリーユ茸............4〜5個
グリーンアスパラガス............2本

モリーユ茸ファルス

鶏むね肉............30g
乾燥モリーユ茸のデュクセル
（ソースを作った際にでるもの）............20g
35%クリーム............15cc
卵白............適量
塩............適量
白ポルト酒............適量
セルフィーユ............適量

モリーユ茸のソース・ポルト

ポルト酒............200cc
乾燥モリーユ茸............50g
フォン・ド・ヴォー............150cc
47%クリーム............50cc
バター............15g

作り方

1 牛フィレ肉を掃除して、過度な成形はせず自然な形に切り分ける。

2 フレッシュのモリーユ茸を掃除してよく洗い、1度ソテーしてしっかりと水分を飛ばして冷ます。ファルスを作る。鶏むね肉をフードプロセッサーにかけ、裏漉しする。その他の材料を合わせ、モリーユ茸に絞り入れる。

3 ソースを作る。分量の半分のポルト酒を鍋で沸かし、乾燥モリーユ茸を加えて蓋をして20分アンフュゼする。紙で漉してから残りのポルト酒で香りを移したモリーユ茸を洗い、きれいにしてからブリュノワーズに切る。ポルト酒は紙で漉し、先ほどのものと合わせる。ポルト酒とエシャロット、切ったモリーユ茸を合わせて火にかけて煮詰める。しっかり煮詰めたらフォン・ド・ヴォーを加えて半分くらいまで煮詰め、クリームを加えて少し煮詰め、バターを加えて仕上げる。パッセしてモリーユ茸とソースは別々に保存する。

4 牛フィレ肉をポワレして、同時にモリーユ茸のファルスとアスパラガスをエチュヴェして火を入れていく。それぞれ盛り付けて完成。

Homard

オマールブルーのグラッセ
ブーダンノワールとアマレットの香る
クレーム・ド・オマール
シヴェのイメージを

Homard bleu glacé, boudin noir et crème de homard à l'amaretto
comme un civet de homard

　オマールのシヴェは大好きな料理だが、かなり力強い料理であることから、ポーション的に現在のコースの流れに組み込むために、前半の温かい前菜としてアレンジした。本来のコライユを加えた赤ワインソースを、グラス・ド・オマールと赤ワインのレデュクションを加えた滑らかなブーダンノワールに置き換え、濃厚なジュ・ド・オマールでグラッセしたオマールブルーと合わせる。ブーダンノワールにはオマールとも相性の良いバナナを、ソースにはアマレットを加えて軽やかなクレーム・ド・オマールとアマレットのエキュームを添える。現代のゲストの嗜好と自身の作りたい料理、両方を突き詰めて生まれたひと皿。

L'ecrin　銀座レカン｜栗田雄平　185

材料

オマールブルー ……………… 1尾

ジュ・ド・オマール

オマールの殻、頭	1尾分
エシャロット	20g
ポワロー	20g
ニンニク	1片
トマトペースト	5g
白ワイン	20cc
コニャック	10cc
水	適量
エストラゴン	適量

クレーム・ド・オマール

ジュ・ド・オマール	30cc
47%クリーム	30cc
アマレット	10cc

アマレットの泡

ジュ・ド・オマール	10cc
牛乳	50cc
アマレット	20cc

ブーダンノワール

豚背脂	100g
たまねぎ	200g
ニンニク	5g
バター	100g
47%クリーム	200cc
コーンスターチ	15g
豚血	500cc
グラス・ド・オマール	20g
赤ワイン	600cc
赤ポルト酒	200cc
塩	6g
キャトルエピス	4g
バナナ	適量

根セロリのクーリ

根セロリ	1個
牛乳	適量
35%クリーム	適量

作り方

1 オマールの下処理をする。腕、尾、頭に分け、酢と塩を入れた湯を沸かし、それぞれ茹でて、殻をはずす。半生くらいの火入れで止める。頭は細かく切る。

2 ジュ・ド・オマールを作る。鍋でオマールのガラをソテーしていき、水分がしっかり飛んだところでバターを加え、香ばしく焼いていく。野菜を加えてソテーし、トマトペーストを加えて、さらに白ワインとコニャックを加え、デグラッセする。

3 水を加えて沸騰させる。香草を加えて蓋をし、160℃のオーブンに40分入れる。オーブンから出して漉し、半分ぐらいまで煮詰める。

4 クレーム・ド・オマールを作る。ジュ・ド・オマールを煮詰めクリームを加え、さらに少し煮詰めてアマレットを加える。

5 アマレットの泡を作る。材料をすべて合わせ、提供時に40℃くらいに温めハンドブレンダーで攪拌する。

6 ブーダンノワールを作る。赤ワインと赤ポルト酒を合わせてミロワールの状態まで煮詰め、グラス・ド・オマールを加えたものを用意しておく。

7 豚背脂を透き通るまで火を入れ、たまねぎとニンニクを加えよくスュエする。塩とキャトルエピスを加えてからクリーム、バターを加え沸騰したらミキサーにかけて一度漉し、赤ワインを煮詰めたものと合わせる。

8   コーンスターチを加えて豚血を加え、火にかけゆっくりと温度を7℃上げていく。58℃になったら一度ハンドブレンダーでしっかりと攪拌して漉し、バナナを並べた型に流す。120℃のスチームコンベクションオーブンに約8分入れて冷ます。型からはずし、提供時にオーブンで再加熱する。

9   根セロリのクーリを作る。根セロリをエマンセして牛乳を少し加えた水で柔らかくブレゼし、水気を切りミキサーにかける。クリームでのばし味を調える。

10 オマールをグラッセする。ジュ・ド・オマールを鍋に入れ沸かしオマールを加え、蓋をしてゆっくりと加熱する。オマールの中心が温まってきたら蓋をはずし、少量のバターを加え、オマールに絡めながらグラッセしていく。つややかな状態になったら盛り付けて完成。

Dessert

クレープシュゼット

Crêpe Suzette

　ゲストの目の前でサービスマンが仕上げにコニャックでフランベして作る、パフォーマンスが華やかなレストランならではのデザート。日本のレストランでは提供するレストランが少なくなりつつあるが、未来に伝えていきたいデザートである。作り方の基本は同じだが、作る人によってさまざまにアレンジされ、サービスマンのテクニックと話術も大切な要素である。

　「シュゼット」とは女性の名前。19世紀、エドワード皇太子がモナコのモンテカルロでカフェを訪れた際、アンリ・シャルパンティエが「皇太子殿下のために作ったクレープをお連れの女性の名前"シュゼット"とつけてはどうか?」と提案、この名前になったとされている。

材料

クレープ	2枚
グラニュー糖	80g
レモン	半分
バター	30g
オレンジジュース	120cc
コアントロー	30cc
グランマニエ	30cc
レモン、オレンジのゼスト	適量
コニャック	適量

クレープ生地

グラニュー糖	120g
全卵	480g
薄力粉	360g
牛乳	900cc
バター	240g

グラス・ア・ラ・ヴァニーユ

牛乳	1ℓ
47%クリーム	250cc
グラニュー糖	250g
卵黄	10個
バニラの枝	半分
トレモリーヌ	50g

作り方

1 クレープ生地を作り、1日寝かせてから焼く。

2 グラニュー糖を火にかけてキャラメリゼしていく。レモンの果汁を加えてキャラメリゼを止める。

3 バターを加え合わせる。オレンジジュースを加えて煮詰める。オレンジとレモンのゼストを加え、さらにコアントローとグランマニエを加え、少し煮詰めてクレープを加える。

4　折りたたんで火を入れている間にオレンジの皮を螺旋状に剥き、コニャックをリューシュに入れて温めて火をつけ、オレンジの皮の螺旋に沿ってコニャックを注ぎフランベする。

5　剥いたオレンジから果肉をカルチェに切り取り加え、仕上げにグラニュー糖を適量ふり、煮詰めて味を調えて、盛り付ける。別皿にグラス・ア・ラ・ヴァニーユを取り分けて完成。

à table
ア・ターブル

中秋陽一
Yoichi Nakaaki

パイ生地のバラエティに魅せられ、
フランス料理の古典を追求

　神田明神の蔵前橋通り沿い、大通りに赤いシェードが見えてくると、そこはパリが香るビストロ。外観もインテリアもパリの下町そのままの佇まいの「à table」。アットホームな雰囲気が温かい。

　21歳ですでにシェフを任されたという中秋陽一シェフの料理は、奥行きがある引き出しを持ち、高い技術をベースにフランス料理の古典をつきつめる。自家製シャルキュトリー・豚・仔羊・鳩、ジビエなどを駆使したフランス料理の技術が詰まったひと皿ひと皿。野うさぎ、穴熊、猪など日本ではなかなか味わう機会のない料理のオンパレードだ。2021年には、パテ・クルート世界選手権で世界第3位に輝いた。肉とファルスの部分、パートの厚さのバランスを取るようにしているというパテ・クルートは独学。リヨンでおいしいパテ・クルートを食べて、興味を持ったものの作り方を知らなかった。本を開いたり、YouTubeを見たりして勉強しながら少しずつ形にしていった。

　飲食に興味を持ったのは高校生のときイタリア料理店でアルバイトをしてから。料理を作っている姿に憧れ、キッチンで仕事をさせてもらうようになる。高校卒業後は専門学校へ進み、フランス料理の道を志した。卒業後は、「モナリザ」で修業をスタート。河野透シェフの料理に触れ、その後渡仏。パリ、アヴィニョン、サヴォワ、ブルゴーニュでそれぞれの地域の郷土料理を学ぶ。

　「自分がおいしいと思った料理が食べたい」。それは昔から継承されている伝統的なフランス料理だった。ときに星もないビストロこそがおいしいと感じる本場のフランス料理。以来、作るときに意識するのはフランス人がおいしいと思ってくれるかどうかだ。

　帰国後、28歳で独立、学芸大学で「イグレック」をオープン。2軒目「à table」を始め、一時は2軒同時に切り盛りしていた。思った以上の激務に「イグレック」を閉めて、「à table」に専念。少量多皿の時代、コースが主流のトレンドに逆行する、今どき珍しいアラカルト主体の店だ。ここでは3皿で完結するというスタンス。ひとりでも気軽にカウンターに座り、シェフに相談しながら特別なメニューをお願いすることもできる。

　スペシャリテのリエーヴル・ア・ラ・ロワイヤルは、古典から最近の本まで幅広く研究し、「現代のクラシックとは何か?」を考えながら作っている。味はロワイヤルにしなくてはならないが、日本人にも食べられるように、ケモノ臭さを抑え軽くしなければならない。ギリギリのところを調整しながら完成させていった。

　料理を始めたころの憧れが、ボキューズやロブションだった。その巨匠のベースを見ると、やはりエスコフィエ。写真もないころのレシピを再現するのは難しい。しかもそれを現代風にどのようにアレンジするか。古典を学ぶことにより、基礎を積み重ねていけば、おのずと自分で昇華していける。おいしくないフォン・ド・ヴォーでソースを作ろうとしても無理がある。まずは、すべての作業のベースをしっかり学んでいくべきだということを伝えていきたい。

à table　ア・ターブル｜中秋陽一　193

パテ・クルート・オーバル

Pâté en croûte ovale

　ファルスの中は、仔牛、鶏肉、豚肉、フォワグラ、ピスタチオ、仔鳩、アプリコット、鶏レバーを詰めた。基本的には白肉と赤肉を混ぜて使うようにしている。以前は本でしか見たことがない料理だったが、いずれ店に出したいと、型を買って独学で練習を始め、正解がない中で試作を重ねていった。パテ・クルートのコンクールがあると知り、自分の作っているものがどこまでが正解なのかを確かめるため出場し、アジア大会4位。以降毎年出場し世界3位になるまで進化させていった。多種入るファルスの中身は、何かが主張しすぎないように最終的にまとまっていることが一番大切な点。いろいろな部分を食べて、それぞれ違う香りや味を感じるが、全体的にバランスが取れていることを意識している。

　今は長方形の型で作ることがほとんどなので、今回はあえてオーバル型で作った。長方形では、入っているファルスの量はどこをとっても同じだが、オーバルは楕円なので中央部分には多く入り端は少ない。火を通す感覚も異なり、パートも厚みを出さなくてはならない。一段階難しいパテ・クルートに挑戦してみてほしい。

材料

パート・ブリゼ

強力粉	800g
セモリナ粉	180g
バター	350g
全卵	170g
牛乳	130g
塩	26g
砂糖	13g
白ワインヴィネガー	7g

ファルス

プーレ	4羽
ピジョン	8羽
豚のど肉	1kg
豚背脂	0.5kg
仔牛フィレ	1本
リ・ド・ヴォー(下処理済み)	0.5kg
仔牛タンの燻製	1本
フォワグラコンフィ	0.8kg
たまねぎのソテー	0.3kg
ファルス・ア・グラタン	1kg
グラス・ド・ヴィアンド	適量
セミドライアプリコットのコニャック漬け	適量
塩漬けグリーンペッパー	適量
ピスタチオ	適量
セージ(みじん切り)	適量
白ポルト酒	適量
コニャック	適量
白ワイン	適量
ニンニク	1/2個
全卵	ファルス1kgに対して 0.5個
塩	ファルスの総量に対して 1%
白胡椒	ファルスの総量に対して 0.3%
鴨コンソメのジュレ	適量

作り方

1 パート・ブリゼは材料を冷やしパートを作る。

2 一晩休ませ3mmに伸ばし型に合わせてカットする。

3 蓋になる部分は溶いた卵黄を塗りナイフで飾り切りをする。

4 プーレとピジョンはむね肉ともも肉に分け、**1** もも肉は豚のど肉と豚背脂と合わせて白ポルト酒、コニャック、白ワイン、ニンニク、タイム、ローリエでマリネする。**2** その他の肉類は小角にカットし同様に白ポルト酒、コニャック、白ワイン、タイム、ローリエでマリネする。**1** を粗目のミンチにし塩・胡椒して、全卵を混ぜ合わせる。

5 その他の肉類と **2** を合わせ、フォワグラコンフィ、たまねぎのソテー、ファルス・ア・グラタン、グラス・ド・ヴィアンド、セミドライアプリコットのコニャック漬け、塩漬けグリーンペッパー、ピスタチオ、セージを加え塩と胡椒で味を調える。

8 一晩冷蔵庫で冷まし、温めた鴨コンソメのジュレを流し入れる。

9 完成したパテ・クルートを一人前にカットし皿にのせマスタードのクリームを添える。

6 型にパートを敷き込み卵黄を塗る。ファルスを詰め、装飾を付けた蓋をしてセルクルで作った煙突を立てる。

7 220℃のコンベクションオーブンで35分から40分焼く。

キンキのファルシ

Poisson farci aux Saint-Jacques, sauce soupe de poisson

　頭をとったキンキを開いて帆立のムースを詰め、網脂で巻いて焼いた料理。アヴィニョンで修業していたときに学んだ。南仏では、よく岩魚系を扱っていたが、キンキのような身質の魚料理を作ることも多かった。ソースもハーブを香らせて、そこにスープ・ド・ポワソンを使い南仏らしく仕上げた。ポイントとなる技術は、ムースを作る過程。魚のムースの作り方は、知っているようで知らない人が多い。今は、ロボクープを回すだけで作っている料理人も多いが、基本はしっかり氷水に当てて分離しないように混ぜ合わせる。それをわかった上で機械を使うのと、わからないまま機械だけで作るのとでは出来上がりがまったく違う。もともとは、機械を使わない作り方がベースであることを知っておいてほしい。

材料

キンキ	10尾
帆立の貝柱	1kg
卵白	100g
生クリーム	300g
塩（ムース総量に対して1％が目安）	適量
胡椒	適量
パスティス	適量
アネット（アッシェ）	適量
パセリ（アッシェ）	適量
ソース・スープ・ド・ポワソン	50g

ソース・スープ・ド・ポワソン

キンキのアラ	10尾
ニンニク	1個
たまねぎ（エマンセ）	2個
ウイキョウ（エマンセ）	1/2個
セロリ（エマンセ）	3本
ブーケガルニ	1個
フュメ・ド・ポワソン	1.5ℓ
白ワイン	750cc
パスティス	300cc
ホールトマト	500g
網脂	適量
ほうれん草	適量
サフラン	3g

作り方

1 キンキは頭を落とし中骨と腹骨を取り除き、尾の部分だけ残し開く。

2 アラはソース用に取り置き、低温のオーブンでしっかりと焼く。

3 帆立はしっかりと水気を切り、フードプロセッサーに入れて軽く塩をしてペースト状にする。

4 さらに卵白を加え、滑らかになるまで回しタミゼする。

5 氷を当てたボウルにペーストにした帆立を移し、生クリームを数回に分けて混ぜ合わせる。ソースとアネットとパセリ、パスティスを加え塩・胡椒で味を調える。

6 低温のオーブンで乾燥させたキンキのアラを鍋に入れ、オリーブオイルと皮をむいて半割にしたニンニクを入れ火にかける。香りが出てきたら、たまねぎ、ウイキョウ、セロリを加え炒め、乾かしたキンキのアラを加えてさらに炒める。

白ワインとパスティスを加えアルコールを飛ばしホールトマトとブーケガルニ、フュメ・ド・ポワソン、サフランを注ぎ入れ2時間ほど煮出す。

7 味が出たらパッセし、さらに煮詰めてソースにする。

8 キンキの肝（分量外）があればペーストにしソースに加える。

9 開いたキンキに軽く塩・胡椒をして帆立のムースを詰め、ラップで包み成形する。ラップをはずし網脂で巻き、タコ糸で縛る。

10 キンキに塩・胡椒をして、熱したフライパンに油をひかず全体をリソレする。

11 焼き色がついたら火を弱め油を足し、タイムとニンニクを入れ、アロゼしながら香りをまとわせる。網に移しオーブンで火を通す。オーブンから取り出し休ませたあと、サラマンダーで表面をしっかり焼く。

12 バターとニンニクでソテーしたほうれん草を皿に敷き、カットしたキンキを盛り付けソースを流す。

リエーヴル・ア・ラ・ロワイヤル

Lièvre à la royale

　野うさぎを開いて骨を取り除き1枚のシート状にし、フォワグラなどを巻き込んで太い棒状に包むバロティーヌを野うさぎのフォンや赤ワインなどを加えた煮汁でブレゼし、内臓と血でつないだソースを全体にたっぷりかける。

　リエーヴル1枚を開く、詰め物をする、マリネをして煮込む、ソースを作る、といった基礎が詰まった、フランス料理の全工程を踏むような料理。

　現代は真空で火を入れる人が多いが、大鍋で長時間ゆっくりと火を入れてパサつきのないように仕上げる。ジビエを食べ慣れていない人でも抵抗なく食べられるように、チョコレートなどを少しだけ香らせたり、煮るときにポルト酒も入れて甘みを足すなど工夫して、リエーヴルの香りを軽くするように抑え、日本人の味覚にも合う作り方を意識している。

材料

野うさぎ	1羽
豚肩ロース	300g
豚のど肉	300g
野うさぎの端肉	300g
コニャック	350cc
赤ポルト酒	200cc
ニンニク（すりおろし）	4個
エシャロット（エマンセ）	200g
キャトルエピス	適量
フォワグラコンフィ（小角）	150g
豚背脂（小角）	150g
黒トリュフ（小角）	150g
たまねぎのソテー	100g
全卵	1個
赤ワイン	4.5ℓ
フォン・ド・リエーヴル	2ℓ
たまねぎ	2個
にんじん	1本
セロリ	3本
タイム	適量
ローリエ	適量
クローヴ	適量
ジュニパーベリー	適量
黒胡椒	適量
フォワグラ（ソース用材料）	適量
ニンニク	1株（皮をむいてサラシで巻く）
網脂	0.5kg
赤ワイン	325cc
ビターチョコレート	10g
ココアパウダー	適量
バター	適量
コニャック	適量

作り方

1 野うさぎは皮を剥ぎ、骨をすべて取り除いて1枚に開き、できるだけ平らな状態にする。

2 内臓と血はソース用に、骨はフォン用に取り置く。

3 成形した際に出た端肉と豚のど肉、豚肩ロースをコニャック、赤ポルト酒、キャトルエピス、ニンニク、エシャロット、タイム、ローリエで一晩マリネする。

4 マリネした肉類からタイムとローリエを取り除きミンチにする。

5 ミンチに少量の全卵、たまねぎのソテー、フォワグラコンフィ、豚背脂、黒トリュフを混ぜ合わせる。開いた野うさぎにアセゾネし、ファルスをのせ網脂と一緒に円柱状に巻きバロティーヌにする。

6 さらにサラシにしっかりと巻き、タコ糸でしばる。

10 翌日、バロティーヌを取り出しサラシをはずす。ラップで成形し、ニンニクは裏濾ししてペーストにする。

7 1cm角に切ったたまねぎ、にんじん、セロリ、赤ワイン、赤ポルト酒、タイム、ローリエ、クローヴ、ジュニパーベリー、黒胡椒、サラシで巻いたニンニクと一緒に一晩マリネする。

11 鍋で赤ワインを煮詰めミロワールにする。そこにキュイソンを加え、さらに煮詰める。煮詰まったら、リエーヴルの血と内臓、フォワグラをペースト状にしたもの、ニンニクのペーストを加える。しっかりと混ざったら一度パッセし、新しい鍋に移す。

8 野うさぎの骨と筋でフォン・ド・リエーヴルをひく。マリネしたバロティーヌを取り出し、マリナードを鍋に移してアルコール分をとばし、フォン・ド・リエーヴルを加える。

12 濃度と味を調整し、仕上げにココアパウダーとビターチョコレートを加えバターでモンテする。バロティーヌを切り出し、温める。皿の中央にバロティーヌを置き、ソースに香り付けのコニャックを加えて流す。

9 アルコールが飛んだらバロティーヌを鍋に入れ、沸かない程度の火加減で6時間ほどゆっくり火を通す。煮上がったら、バロティーヌとニンニクだけを容器に移してパッセしたキュイソンの中でゆっくり冷まし、冷めたら冷蔵庫で一晩保存する。

13 トゥルネしたシャンピニオンと黒トリュフのスライスを飾る。

Foie gras

牛タンとフォワグラのルクルス

Lucullus de Valenciennes

　若いときに本で見つけたのが興味を持った最初のきっかけだった。1930年にベルギー国境近くのヴァランシエンヌという町で生まれた料理の再現。ルクルスはローマ時代の美食家で、その名を冠した料理はたくさんある。通説によると、洗練された牛タン料理を出してほしい、とお客様からリクエストされ、たまたまそのときにフォワグラ料理を売り出そうとしていたシェフが牛タンとフォワグラをミルフィーユ状にし、ルクルスという名前で出したのが始まり。ルクルスと名前につく料理の多くは、トリュフやフォワグラが入っているが、現在では、ルクルスというと、ほぼヴァランシエンヌを想像する。燻製した牛タンとフォワグラ、横に牛タンの出汁でとったコンソメのジュレとフォワグラとトリュフを添えた。できるだけ均一な美しい層を出すことがテクニックの見せどころ。

材料

牛タン················ 4本

ソミュール

水················ 3ℓ
粗塩················ 150g
砂糖················ 150g
ローリエ················ 2枚
タイム················ 1/2枚
クローヴ················ 5個
黒胡椒················ 5g
白胡椒················ 5g
硝石················ 33g

フォワグラのクリーム

バター················ 200g
白ポルト酒················ 40g
マデラ酒················ 40g
コニャック················ 40g
板ゼラチン················ 15g
フォワグラコンフィ(濾したもの)················ 700g

コンソメジュレ················ 適量
黒トリュフ················ 適量
サラダメランジェ················ 適量
ブリオッシュ················ 適量

作り方

1. 牛タンは2週間ほどソミュールに漬ける。

2. コンベクションオーブンの芯温85℃のスチームモードで8時間火を入れる。火が入ったら皮を剥き冷ます。

3. 冷ました牛タンをミートスライサーで2mmの厚さにスライスする。

4. 鍋に酒類を入れ沸かし、ゼラチンを溶かし込み粗熱を取る。

5. ゼラチン液をムラなくフォワグラに混ぜポッシュに詰める。

6

型に牛タンとフォワグラを交互に重ね、型の縁まで隙間なく重ねる。ラップできっちり包み、重しをして冷蔵庫でしっかり冷やす。

7

ルクルスを切り出し皿に置き、コンソメジュレ、黒トリュフ、サラダを盛り付ける。

à table　ア・ターブル｜中秋陽一

Filet de bœuf
四万十麦酒牛フィレ肉とフォワグラ、黒トリュフのパイ包み

Bœuf en croûte façon Rossini

　フォワグラとトリュフを贅沢に組み合わせたロッシーニ仕立て。食材のバランスもあるので、今回は、和牛のフィレ、高知の四万十麦酒牛を使った。フィレの中でも脂が少ない部位、フォワグラと合わせても脂っぽくならない。和牛に濃厚なソース・ペリグーでは、今の時代にはそぐわない。極力バターを使わないで、ジュ・ド・ブフ、牛スジでとった出汁を詰めたものに、マデラ酒を合わせてトリュフを入れた軽いソースを仕立てた。ソースと中身のバランスを取りながら、掃除をして出た端肉の牛をミンチにして使っているが、やはり脂が多いため、豚の赤身の部分を少し混ぜて合い挽きしたところにシャンピニオン・デュクセルを合わせる。きのこの香りと全体のバランスをとるようなイメージでファルスを貼り付けて成形している。

材料

四万十麦酒牛フィレ（サシの少ない部分）
.... 150g
フォワグラ（オワ）........................ 100g
黒トリュフのスライス 2枚
シャンピニオン・デュクセル...... 100g
豚肩ロース..................................... 200g
牛フィレの端肉............................. 200g
ほうれん草.................................... 適量
フィユタージュ............................. 1枚

ソース

ジュ・ド・ブフ............................. 1ℓ
エシャロット................................. 300g
マッシュルーム............................. 200g
マデラ酒....................................... 750cc
トリュフアッシェ......................... 適量
ルップラン.................................... 適量

作り方

1 牛フィレとフォワグラは成形しリソレしたあと、冷蔵庫でしっかりと冷やす。

2 掃除した際に出た牛フィレの端肉と豚肩ロースをミンチにしてシャンピニオン・デュクセル、トリュフアッシェと合わせる。

3 リソレした牛フィレを横半分にカットし、間にフォワグラと黒トリュフを挟みラップで包む。真空袋に入れ完全に真空にし、しっかりと密着させる。

4 あらかじめ空焼きしたフィユタージュカップにミンチを敷いて牛フィレの芯を置き、ミンチで覆う。ブランシールしたほうれん草でファルスを覆う。

5 3mmに伸ばしたフィユタージュで包み、卵黄を塗りレイエする。

6 230℃のオーブンで14分焼き、14分休ませる。その後200℃のオーブンで7分焼き、7分休ませる。仕上げに230℃のオーブンで6分焼き上げる。

9 カットしたパイを皿に盛りソースを流す

7 鍋でエシャロットとマッシュルームのエマンセをバターでスュエし、マデラ酒を加えアルコールを飛ばす。ジュ・ド・ブフを加え軽く煮詰める。

8 パッセしルゥでモンテし、仕上げにトリュフアッシェを加える。

à table　ア・ターブル｜中秋陽一　213

Homard

オマールのヴォローヴァン

Vol-au-vent au homard

　ヴォローヴァンは、パイ生地で蓋付きの器を作り、中に詰め物を入れた料理。鶏やリ・ド・ヴォーを入れて、ソースをかけて食べる。今回は、ブルターニュ産オマールと季節の野菜のフリカッセを詰めた。

　パイを扱ったヴォローヴァンは、高さを上げること、層を美しく出すことが一番難しい。パイ生地、クリーム、ソースとフランス料理の大事な要素が詰まっているクラシックの基本だ。

材料

A フィユタージュ

デトランプ
- 強力粉 ………………… 250g
- 薄力粉 ………………… 250g
- 塩 ……………………… 10g
- 冷水 …………………… 250mℓ
- バター ………………… 80g

B
- 折り込み用バター ……… 370g

- オマールブルー ………… 1尾
- クールブイヨン ………… 適量
- 生ベーコン（小角）……… 30g
- ソラマメ ………………… 30g
- グリーンピース ………… 40g
- ジロール茸 ……………… 20g

ソース・アメリケーヌ
- オマールのガラ ………… 4kg
- フュメ・ド・ポワソン …… 2ℓ
- 白ワイン ………………… 500cc
- コニャック ……………… 150cc
- たまねぎ ………………… 3個
- にんじん ………………… 2本
- セロリ …………………… 4本
- タイム …………………… 1/2枚
- ローリエ ………………… 3枚
- エストラゴン …………… 1/2枚
- ホールトマト …………… 1kg
- カレー粉 ………………… 少々

作り方

1 **A**の分量でフィユタージュを三つ折り2回を3回折りこみ一晩休ませる。

2 フィユタージュを約3mmに伸ばし丸いセルクルで同じ大きさのものを3枚作る。

3 2枚を重ね小さな丸いセルクルで真ん中を抜き、残りの1枚に張り付ける。190℃のオーブンで30分ほど焼く。

4 オマール海老はクールブイヨンでポシェし、頭はソース・アメリケーヌ用に取り置き、胴と爪に分け殻をむく。

5 鍋に油をひき、生ベーコンをソテーしジロール茸を加え、軽い蒸し煮にする。ジロール茸に火が通ったらオマールの腕の身、ソラマメとグリーンピース、ソース・アメリケーヌを加えバターモンテする。

6 胴体と爪は水気を切り、塩・胡椒して軽くバターでソテーする。

ソース・ヴェルジュ

1 低温のオーブンでオマールのガラを焦がさないように焼く。

2 たまねぎ、にんじん、セロリをバターで炒め、焼いたオマールのガラを加えてさらに軽く炒める。白ワイン、コニャックを加えアルコール分を飛ばす。ホールトマト、タイム、ローリエ、エストラゴン、フュメ・ド・ポワソンを加え1時間半ほど煮出す。

3 味がしっかり出たらパッセして煮詰め、バターとコライユでモンテし最後にカレー粉を少量加える。

4 皿の中央にヴォローヴァンを置き、2をヴォローヴァンの中にたっぷりと詰める。ソテーしたオマールをのせ、ソースアメリケーヌを流す。

Dessert

プラリネのミルフィーユ

Mille-feuille praliné

　王道中の王道、フランス料理の中で一番好きなデセール。プラリネのクリームとパイ生地の香りがフランスらしい。ミルフィーユ好きが高じてパイ料理が得意になったほどだ。

　フランス料理には、パイ生地だけでもいろいろ種類があり、パートの使い方はフランス料理では大事なポイント。パンやクレープ、ブリオッシュはじめ粉物のバラエティが豊かで、パイ生地も折りパイ、練りパイ、アンヴェルセとさまざまある。パイ生地のおもしろいところは、焼く工程を変えるだけでも食感が変わり、多様な使い方ができることだ。

　今回は、フランス修業中に学んだレシピで作ったが、フランスとは粉が違うため日本では配合を変えた。バターをしっかり香らせるために、フランスの発酵バターを使っている。ミルフィーユは、シンプルで使っている材料の数が少ないので、その分、高価な本場の材料を使用したフィユタージュでフランスの味わいを出す。

材料

フィユタージュ
ヴォローヴァンと同じ

クレーム・パティシエール
牛乳	500cc
砂糖	150g
卵黄	6個
カスタードパウダー	70g
バター	20g
バニラビーンズ	1本

ヘーゼルナッツのプラリネ	80g
アルマニャック	20cc
粉糖	適量

作り方

1 フィユタージュを2mmの厚さに伸ばし、14cm×6.5cmにカットする。

2 200℃のオーブンで7分焼き、その後重しをして190℃に落とし20分焼く。

3 焼き上がったら粉糖をふって10分ほど焼き、キャラメリゼする。

4 クレームパティシエールを作る。

5　ミキシングボウルにパッセしたクレーム・パティシエールとプラリネを入れ混ぜ合わせる。

6　仕上げにアルマニャックを加え12mmの丸口金をつけたポッシュに入れる。

7　焼きあがったフィユタージュの縁をきれいにそろえる。

8　フィユタージュを3枚使い、プラリネクリームと交互に重ね、仕上げに粉糖で飾る。

Metzgerei Sasaki
メッツゲライ ササキ

福田耕平
Kohei Fukuda

フランス料理の基本が詰まった
シャルキュルトリーを通して古典を伝えていく

ドイツ国家資格を取得した職人が作る本格的なハム・ソーセージと、2021年パテ・クルート世界選手権優勝のパテをはじめとするシャルキュトリーを扱う東京・田園調布の「メッツゲライササキ」。その優勝者がシャルキュトリー部門を担当する福田耕平シェフだ。

前職では、パテなどのシャルキュトリーはあまり作ることのない環境で、その専門店で仕事を始めることは想像もしていなかった。独学でパテを作ってはいたが、そのころはまだ日本でシャルキュトリーはあまり馴染みがなく、店のショーケースに並んでもパティスリーのような華やかさを出すのが難しい。パテを販売していてもなかなか日本人にはアピールできないままでいた。少しでも日常的にシャルキュトリーを食べてもらいたい、という気持ちで、まずはきっかけとして彩りの豊かなパテを作り上げた。鮮やかな緑が美しいジャンボン・ペルシェなどが店に並ぶと、お客様が興味を持ってくれるようになる。次第に客層も広がり、以前より認知されるようになった。現在は、シャルキュトリー協会の理事の1人として、普及活動に従事している。

料理の道を志したのは、幼いころに見たテレビドラマの料理人に憧れを抱いたことがきっかけだった。青森から上京し、料理専門学校卒業後、「明治記念館」の厨房で修業が始まる。何年かして料理長に見込まれ、コンクール出場にあけくれる日々が続いた。「メートル・キュイジニエ・ド・フランス"ジャン・シリンジャー杯"」では、初出場の2015年に準優勝。以降さまざまなコンクールに出場し、結果を残してきた。

そんななか、とあるガラパーティーでパテ・クルートに出会う。

初めて口にしたときの衝撃は今でも忘れられない。当時は"いつか自分にもこんな料理が作れたら"と憧れの料理だった。その後コンクールがあることを知り、挑戦したいと勉強を始めた。

パテ・クルートは、ファルスを作るシャルキュティエ、パイ生地を作るパティシエ、コンソメを作るキュイジニエ、とフランス料理のあらゆる要素が詰まっている。それを一人で組み立て作り上げることに魅力を感じた。試行錯誤の末、4度目の挑戦で2020年にアジア大会で優勝。2021年フランスで行われる「パテ・クルート世界選手権」に進み、優勝。

パテ・クルートをきっかけにシャルキュトリーと古典料理に興味を抱く。

シャルキュティエとしてはまだ駆け出しで、一から学ぶことが多く、そこが楽しさの一つだ。フランス料理の技術や知識をベースにオリジナルを追求していける奥深さがある。今後もシャルキュトリーをメインに歩んでいきたい。

フランスでの修業経験や巨匠のもとで学んだ経験もなく、独学で学んできた。次はシャルキュティエとしてフランスの地方で本物を学んでみたい。そこで学んだ料理と文化を自分のオリジナルに活かし、フランス料理の古典をつきつめる道に繋げていく。

Metzgerei Sasaki メッツゲライ ササキ｜福田耕平　223

パテ・クルート

Pâté en croûte

　世界大会に出場したときの思い入れの深いレシピ。パテ・クルートは、パイに包まれた肉の香りや肉汁が閉じ込められた一体感が特徴だ。ファルスが焼かれて膨らみ、冷えて縮むことで生まれる隙間にコンソメを流し込むが、赤ワインでコンソメをひくことでファルスとの相性を高めた。赤ワインヴィネガーも少し入れて酸味を効かせキレを持たせる。中のファルスには優しく火を入れ、まわりの生地は高温で焼きたい。フランス料理は火入れが大切なので、そのバランスがうまく取れるかが成功の鍵となる。主材料はいろいろ試したが、上品な味わいで旨みが強い鴨肉をずっと使っており、断面にコントラストを生み出すホロホロ鶏、食感のアクセントとして牛タンを少量加える。鴨のガラから取った出汁、カリカリに焼いた皮など余すところなく使い、ナッツの食感やドライフルーツの甘さを加えて奥深い味わいを引き出す。パイ生地は後付けの装飾はせず、シンプルな美しさで生地を焼き切ることを大切にしている。

材料

ファルス
- 鴨むね肉……………………1羽分
- 鶏むね肉……………………1枚
- 牛タン………………………200g
- 豚のど肉……………………500g
- 鶏レバー……………………200g
- ファルス・ア・グラタン…100g
- グラス・ド・カナール……50g
- フォワグラテリーヌ………300g

ファルスのガルニチュール
- ラルドコロナータ…………100g
- ピスタチオ…………………50g
- ヘーゼルナッツ……………50g
- ドライいちじく……………50g
- レーズン……………………50g
- イタリアンパセリ…………10g

パート
- 小麦粉………………………700g
- セモリナ粉…………………200g
- 無塩バター…………………350g
- 水……………………………70g
- 卵……………………………3個
- コニャック…………………60g
- 塩……………………………17g
- 砂糖…………………………10g
- 白ワインヴィネガー………5g

コンソメ
- フォン・ド・カナール……10ℓ
- 鴨ミンチ……………………5kg
- タイム………………………適量
- ローリエ……………………適量
- 胡椒…………………………適量
- シェリー酒…………………適量
- ゼラチン……………………適量

作り方

1 鴨むね肉、鶏むね肉をカットし1.4%の塩とコニャック、ポルト酒でマリネし、牛タンはソミュール液でマリネする。

2 鶏レバーをロボクープで回し、豚のど肉のミンチと合わせ1.4%の塩をする。

3 1と2をキッチンエイドで攪拌しガルニチュールを合わせ、ファルス・ア・グラタンとグラス・ド・カナールを加える。

4 小麦粉にバターを加えロボクープでサブラージュし、ボウルに移して卵、水、コニャック、塩、砂糖、ヴィネガーを加え、ロボクープにもとし再度合わせる。一晩寝かせめん棒で伸ばし、任意の形にカットする。上部にかぶせる生地に卵黄を塗り装飾する。

5 　4を型に敷き3を詰める。途中で中心にフォワグラのテリーヌを置く。

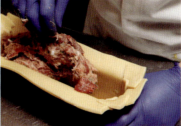

6 　蓋生地をかぶせ下生地と貼り合わせ、セルクルで空気穴を開け、煙突を3か所立てる。

7 　215℃のオーブンで10分、190℃で20分、170℃で20分焼成し冷却する。

8 　翌日完全に冷めたところにコンソメジュレを流し固める。

シュー・ファルシ

Chou farci

　ヨーロッパだけではなく、世界中広い範囲でポピュラーなキャベツ包みの料理。フランスにも、アルザス風、リムーザン風などさまざまあり、M.O.F.の試験の課題にもなっている。近年では世界大会も行われ、独創的なシュー・ファルシが出品されている。その中でも生のファルスか、調理されたファルスを詰めるのか2種類あるが、今回は生のファルスを選択した。蒸しあげて色鮮やかに仕上げるシュー・ファルシもあるが、キャベツの表面に焼き色が付くまでしっかり火が入ったほうが好み。ブレゼ風に半分キャベツが顔を出している状態で蓋をせずにアロゼしながら焼く。古典のレシピにもあるようにベーコンやハムなどシャルキュトリーの要素を入れた上でフォワグラを加え、よりエレガントに仕立てた。

材料

チリメンキャベツ約1.8kg ……… 半分

ソシソン・ファルス

豚肩ロース	600g
鶏もも肉	400g
塩	17g
胡椒	2.5g
しょうが	2g
グラニュー糖	5g
クラッシュアイス	70g
ナツメグ	適量

ファルス

ソシソン・ファルス	500g
豚のど肉	500g
ベーコンジャンボンブラン	70g
イタリアンパセリ	10g
卵	1個
シャンピニオン・デュクセル	70g
キャトルエピス	適量
グラス・ド・ヴォー	50g
フォワグラテリーヌ	350g
トランペット	100g
エシャロット	20g
バター	20g

ブレゼ用

フォン・ド・ヴォー	1ℓ
たまねぎ	150g
にんじん	100g
セロリ	50g
ベーコン	50g
ニンニク	30g
ローリエ	1枚
タイム	2本
コリアンダー	5g

作り方

1 ソシソン・ファルスを作る。粗くミンチした豚肩ロースと鶏肉に塩・胡椒、しょうが、グラニュー糖、ナツメグ、クラッシュアイスを加え合わせ、一晩寝かせる。

2 フォワグラを掃除し、塩、砂糖、ポルト酒、コニャックで二晩マリネし、スチーム63℃で40分火入れする。脂を切ってラップを敷いたセルクルに詰め成形する。

3 チリメンキャベツを1%の塩を加えた湯で火入れし、水気をよく切る。キャベツの中心部を細かく刻んで、ベーコン、トランペットとともにソテーし冷ます。

4 ファルスを作る。ソシソン・ファルスに豚のど肉、3、イタリアンパセリ、卵、シャンピニオン・デュクセルを合わせ、グラス・ド・ヴォーを加え冷ます。

5 ボウルにチリメンキャベツを敷き、ファルスと残りのチリメンキャベツを交互に重ね、中心にフォワグラを包みタコ糸で縛る。

6 鍋に油をひいてニンニク、たまねぎ、にんじん、セロリ、ベーコンをソテーし、フォン・ド・ヴォーを加えアクをひき、包んだチリメンキャベツ、ローリエ、タイム、コリアンダーを入れ、160℃のオーブンで1時間半火入れする。途中、アロゼしながら仕上げる。

7 残ったフォンをパッセし、状態を見て煮詰めてソースを仕上げる。シュー・ファルシは30分ほど落ち着かせてカットし、ソースとともに温め盛りつける。

ジャンボン・ペルシエ

Jambon persillé

ブルゴーニュ地方の郷土料理。ハムとパセリのゼリー寄せで、ブルゴーニュ地方ではレストランの定番前菜メニュー。特にディジョンでは、復活祭に食べる風習がある。

出汁と脂を乳化させて白い土台を作った中に、パセリが入ると鮮やかな色がでる。フランスで食べたその味わいに感動し作ってみたいと思った。当時は日本ではあまり見ない作り方だったので何度も試作を重ね、学びながら形にしていった。白ワインヴィネガーと白ワインを使ったパテ・クルート以外で初めて独学で作れるようになった料理として愛着のあるレシピ。通常シャルキュトリーは地味な色合いなので、鮮やかな緑の色合いが気に入っている。

フランスでは生のイタリアンパセリを使用し、型に入れたあと二次加熱しているが、色が褪せることと殺菌が十分にできないため、あらかじめさっとブランシールして使用している。

材料

ジャンボン
豚もも肉	1.5kg
豚皮	100g
マリネ液	1.6ℓ
豚のフォン・ブラン	150cc

マリネ液
水	3ℓ
白ワインヴィネガー	100cc
塩	200g
三温糖	200g
ローリエ	2枚
鷹の爪	1本
タイム	3本

豚のフォン・ブラン
豚骨	2kg
豚皮	2kg
水	10ℓ
たまねぎ	2個
にんじん	1本
ポワロー	半分
パセリの茎	適量
タイム	適量
ローリエ	適量

仕上げ
ジャンボン	1kg
煮汁（煮詰めたもの）	150cc
イタリアンパセリ	50g
エシャロット	150g
ニンニク（コンフィ）	10g
白ワインヴィネガー	40cc
白ワイン	40cc
ナツメグ	適量
胡椒	適量

作り方

1　豚のフォン・ブランを作る。鍋に豚骨、豚皮を入れ、一度沸かして流水で洗う。再び火にかけアクをひき、ミルポワを加え7時間火にかける。

2　豚もも肉を掃除し、マリネ液に二晩漬ける。マリネした肉を1とともに真空パックし、78℃のスチームコンベクションオーブンで14時間火入れする。

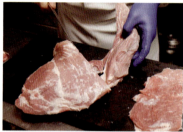

3　煮あがった豚ももと脂を取り出し粗熱を取る。残った煮汁を煮詰め、ニンニクコンフィ、ナツメグ、塩・胡椒を加える。

4 脂、豚皮、煮汁、エシャロット、ブランシールしたイタリアンパセリ、ヴィネガー、白ワインをミキサーにかけて回し、乳化させ味を調える。

5 型に豚もも肉、4を詰め、冷蔵庫で冷やし固める。一度型から取りはずし、はずした型にコンソメを流して再びジャンボン・ペルシェを型に沈める。一晩寝かせ、酸味がまろやかになってから提供する。

Foie gras

ブリオッシュ・ド・フォワグラ

Brioche de foie gras

　今回は、古典がテーマということで、ブリオッシュを生かしたいと選んだレシピ。フォワグラのテリーヌにトーストしたブリオッシュを添えるのが主流だが、一緒に焼き上げるバージョンにもこのやり方でしか味わえない良さがある。

　フォワグラはトーションで包み火入れすることにより真空調理とは違い、フォンをつぎ足し使用することで香り良く仕上がる。

　ブリオッシュは前職時代にお世話になった福島隆氏から教わったレシピ。

　ポイントは基本通りグルテンをしっかり出してバターを加える点。材料をざっくり混ぜ合わせたらすぐにはミキシングせず、一度冷蔵庫で休ませることによってあらかじめグルテンを形成する準備をすること。暑い厨房でも温度が上がりすぎることなく生地を作ることできる。フォワグラから溶け出た旨みがブリオッシュに馴染んで仕上がるのが特徴。

材料

ブリオッシュ

強力粉	300g
砂糖	40g
塩	4g
スキムミルク	9g
ドライイースト	8g
水	130〜140g
バター	130g
卵黄	60g
粉糖	適量

フォワグラテリーヌ

フォワグラ	600g
塩	フォワグラの1.4%
砂糖	フォワグラの0.7%
ナツメグ	適量
ソーテルヌ	適量
コニャック	適量
フォン・ブラン	適量
スターアニス	適量

コンソメ・ド・カナール

フォン・ド・カナール	10ℓ
鴨ミンチ	5kg
タイム	適量
ローリエ	適量
胡椒	適量
白ポルト酒	適量
ゼラチン	適量

作り方

ブリオッシュ

1 小麦粉、砂糖、スキムミルク、イーストを合わせミキサーに入れ、水と塩、卵黄を合わせてから加え軽くミキシングして冷蔵庫に20分置く。生地をミキシングしグルテンを出す。再び冷蔵庫で20分休ませ、常温にもどしたバターを練りこむ。26℃を超えないように常温に1時間ほど置き冷蔵庫で一晩低温発酵させる。

2 生地をガス抜きし任意の形にカットする。

フォワグラテリーヌ

1 フォワグラを常温に置いて掃除し、塩、砂糖、ナツメグ、ソーテルヌ、コニャックで一晩マリネする。

2 マリネしたフォワグラをトーションで包み両端を縛る。70℃に温めたフォン・ブランにスターアニスと塩とともにフォワグラを入れる。芯温50℃まで火入れしたら、火からおろし常温で粗熱を取る。フォンに入れたまま冷蔵庫に一晩置く。

3 翌日ラップで成形し直す。

4 テリーヌ型にバターを塗り、粉をまぶす。フォワグラテリーヌをブリオッシュで巻き、型に入れる。中心にセルクルで穴を開け乾燥しないように30℃で1時間発酵させる。

5 ブリオッシュが冷えたところにコンソメを流し冷蔵庫で冷やす。卵黄を塗り180℃のオーブンで15分焼成し冷ます。

Filet de bœuf

ポ・ト・フー

Pot-au-feu

　シャルキュトリーは本来豚肉を扱うことが主で、牛肉、特に淡白で
スジなどがない牛フィレはほとんど使用することがない。そこで以前店
で提供していた家庭的なポ・ト・フーに、そのブイヨンでポッシェし
た牛フィレを合わせリッチに仕上げた。

　今回は塩漬けした牛のスネ肉をベースに野菜とともに水と塩で煮
込んでいくシンプルなレシピ。主に牛肉はスジが多く硬い部位が好ま
しく、骨付きの骨髄を途中から加えることもある。

　ポ・ト・フーはアクをしっかり取り除きクリアな味わいに仕上げる。
最初のアクが塊になるまで様子を見て沸騰直前にまとめて取り除くよう
にしている。

　煮込むだけだが作る人によって違いがはっきりと出る料理。フラン
スではお皿に残ったブイヨンに赤ワインを足して飲む。そんな家庭的
でフランスらしい料理である。

材料

牛フィレ肉 500g
仔牛骨付きスネ肉 1.5kg

じゃがいも 3個
にんじん 300g
たまねぎ 2個
セロリ 3本
かぶ 3個
ポワロー .... 半分
いんげん 150g
ニンニク 1株
ブーケガルニ .... 適量
水 .... 適量
塩・胡椒 .... 適量

作り方

1 仔牛のスネを2日間塩漬けする。流水で洗い、水とともに鍋に入れ沸かし、一度湯を捨てる。アクを取る。

2 鍋に水と1を入れて沸かし、フライパンで焼き色をつけたたまねぎとにんじん、セロリを加え、1時間半煮込む。

3 じゃがいもは面取りし、その他の野菜は丸ごとまたは半分にカットし2に加え、さらに煮込む。

4 3から肉と野菜を取り出し残ったフォンを70℃に保ち、タコ糸で成形した牛フィレをポシェし、火を入れる。

5 岩塩を添えて提供する。

〈Homard〉

オマール海老のクネル

Quenelles de homard

　若いころ、フランスで初めて食べたリヨンの名物料理。以来、訪れるたびに必ず食べる、フランス料理の中で最も好きな一品。

　本来はザリガニとカワカマスのすり身、そこにパナードを加えポッシェしソース・ナンチュアとピラフを添える。

　今はふわふわの軽い食感のクネルが主流でパナードを加えないレシピも多い。

　店で提供しているクネルはオマール海老を使い、パナードもしっかり加え一人前150gの食べ応えのあるひと皿になっている。ソース・アメリケーヌはオマールの殻を水分がなくなるまで炒め、鍋底に付いた"シュック"をブランデーでしっかり取り、フォンに旨みと香りを移す。フォンはフュメ・ド・ポワソンとフォン・ド・ヴォライユを合わせて加え、味に厚みを持たせる。

材料

パナード
牛乳	350g
バター	25g
小麦粉	35g
卵黄	2個
ナツメグ	適量

オマール海老のクネル
オマール海老	400g
スズキもしくは鯛	250g
塩	13g
卵白	30g
パナード	400g
バター	200g
生クリーム	100g
ピマン・デスペレット	適量
オマールのグラス	100g
コライユ	適量

ソース・アメリケーヌ
オマールの頭	2kg
たまねぎ	250g
にんじん	200g
セロリ	100g
ニンニク	30g
コニャック	200cc
ノイリー・プラット	60cc
白ワイン	120cc
フュメ・ド・ポワソン	1.5ℓ
フォン・ブラン	500cc
トマトペースト	100g
トマト	2個
エストラゴン	1束
サフラン	適量
生クリーム	適量

ブールマニエ
オマールバター	適量
小麦粉	オマールバターと同量

作り方

1 オマール海老の頭を掃除しカットする。鍋にオリーブオイルをひき、ニンニクを入れ香りを出す。オマールの頭を加えソテーし、半分ほど火が入ったら鍋をオーブンへ移し乾かすようにしっかりソテーする。

2 別にソテーしたミルポワとトマトペーストを加え、酒類を入れフランベする。

3 フュメ・ド・ポワソンとフォン・ブランを加えて沸かし、トマト、エストラゴン、サフランを加え味が出るまで20分～30分炊く。

4 パッセして煮詰め（一部はグラス・ド・オマールに）、ブールマニエで濃度を調整し、塩・胡椒、生クリームで味を調えコニャックで香り付けする。

5 パナードを作る。鍋にバターを溶かし小麦粉をしっかり炒める。半量の温めた牛乳を加え、卵黄を入れよく練り合わせる。残りの冷たい牛乳を加え再度よく合わせパッセし、ラップで包み冷ましておく。

6 オマールの身を殻からはずし、おろしたスズキとともにミンチし、塩を加え、ロボクープで回す。粘りが出たら卵白を加え、牛乳と2を少しずつ合わせる。しっかりとベースをつないだら一度氷水で冷却し、ポマード状にしたバター、生クリーム、グラス・ド・オマールを加え冷蔵庫で休ませる。

7 湯に塩とローリエを入れ3を大きめのスプーンで150gほどのクネル型に成形し、70℃で20分ほど火入れする。

Dessert

ピティヴィエ・フィユテ

Pithiviers feuilleté

　折り込みパイ生地でクレーム・ダマンドを包んで焼き上げるシンプルだが奥が深いフランスの焼き菓子。普段デセールや焼き菓子を提供するシーンは少ないが、パティシエだった妻から教わったレシピ。いろいろアレンジして作っていた時期もあったが、やはりこのベーシックな仕様には普遍的なおいしさがある。

　クレーム・ダマンドは柔らかくしすぎずしっかり火を入れることでアーモンドの香りを立たせる。混ぜ合わせるときミキサーは低速で、空気が入らないように材料をていねいに合わせていく。パイ生地は作業ごとにショックフリーザーや冷凍庫で適度な固さになるまで冷やし進めていく。

材料

パート・フィユテ

薄力粉	500g
強力粉	150g
バター	100g
水	200〜250g
白ワインヴィネガー	20g
塩	10g
折り込みバター	2.5ポンド (1.2kg)

クレーム・ダマンド

バター	100g
粉糖	100g
全卵	100g
アーモンドプードル	100g
薄力粉	20g
生クリーム	25g
バニラペースト	適量

作り方

クレーム・ダマンド

1. 常温のバターと粉糖をミキサーで空気が入らないように低速で合わせ、卵の1/4を加えて均一にしてアーモンドプードルを加え合わせる。

2. 残りの卵を半量ずつ加え、薄力粉、バニラペースト、常温の生クリームを合わせる。

3　絞り袋に入れ1日冷蔵庫で休ませる。

4　パート・フィユテを厚さ3mmに伸ばし、21cmのセルクルで2枚抜く。

5　片方の生地に縁を残してドーム状にクレーム・ダマンドを絞る。空気が入らないように滑らかにならして、縁に卵黄を塗り2枚目の生地を被せる。

6　表面に卵黄を2回塗りナイフで模様を入れる。縁にも切れ込みを入れ折り返し模様を入れる。

7　焼成前に竹串で数か所穴を開け、170℃のコンベクションオーブンで20分焼成。途中、鉄板をのせ、さらに20分焼く。

8　常温で粗熱を取り、提供する。

Droit

ドロワ

森永宣行
Nobuyuki Morinaga

クラシックなフランス料理に魅せられ、古典を紐解き、斬新な皿を生み出していく

ガラス張りの厨房に京都御所の緑が映し出され、通りすがりに思わず立ち止まってしまうオーラを放つ。覗けばまぶしいほどに磨き上げられた厨房を背に真っさらなコックコートを着た料理人の姿。「まっすぐ」を意味する店名「ドロワ」にふさわしい潔さを体現する森永宣行シェフである。扉を開くと厨房を眺めながら、純白の麻のクロスがかかったテーブルが端正に並ぶ、インダストリアルなフォルムを多用したサロンへと階段を降りると、非日常感を醸し出すシックでありながら、アンティームな空間が広がる。

ここは、いわば実験場。クラシックなフランス料理に魅せられた森永シェフが古典料理の本を紐解きながら、夜な夜な未知のレシピにいそしみ、新たな解釈のもとに、古典や郷土料理をベースにした斬新な皿を生み出していく。長い歴史によって積み重ねられたフランス料理の文化。その魅力は香りと余韻だ。そして、少しのサプライズ。そんな料理を目指している。

そのために、「素材とソースが響き合う料理」をテーマにし、並々ならぬ情熱をソースに傾ける。それが自分の目指す「記憶に残る料理」につながると信じている。長い間作られてきた体系を踏まえた上で、積み重ねられてきたものを学んだからこその自由がある。そこから新しい自分の料理を編み出していきたい。

幼い頃から家族と外食することが多く、自然に食に対する興味がわいた。母親の横で料理の手伝いをすることもあり、料理人としてのベースは幼少期に培われていた。大学生になり、食べ歩きをしていたなか、フランス料理の衝撃的な

深みのあるおいしさに感動した。白いクロスがかかった仄暗いテーブルに運ばれてくるバターやワインの香り、知られざる食材。所作が美しく、威厳ある料理人の姿に魅せられた。大学卒業後、大阪「ルール・ブルー」で修業をスタート。京都「ベルクール」にてクラシックなフランス料理を学び、オーベルジュや卸売市場内の鮮魚店で研修後、「ガレット、シャルキュトリー、フランス郷土料理」をテーマにする店で、立ち上げからシェフとして腕をふるう。

郷土料理の知識と技術を土台に、フランス料理の本で見つけた未知のレシピを作ってみると、多くの発見があった。その刺激的なインプットを店でアウトプットしていくうちに、少しずつ料理人として成長していったように感じた。

フランスの地方でアパルトマンを借りて、マルシェに行き何かを作ってみる。料理はさまざまな出会いによって刺激を受け変化していく。多彩な土地の料理はもとより、風土、文化を学んでいくうちに引き出しも増えていった。

「クラブ・エリタージュ」は、楽しみながら、かつ情熱的にフランス料理に取り組む料理人の集まり。個性あふれる料理人のなかにあって、自分が存在する意味を見出していきたい。

フランス料理を心底愛し、技術や文化を熟知しているメンバーからのメッセージを受けとってほしい。自分がそうであったように、料理人になりたいと憧れを持つ人が増えることを期待している。個性的なメンバーとともに多くを学び、自分もそのなかの1人として刺激的な存在でありたい。

Droit ドロワ｜森永宣行　253

鱒のポム・アンクルート
ソース・ジュヌヴォワーズ

Truite en croûte de pommes de terre
et pâte de FU aux pistaches, sauce genevoise

「メートル・キュイジニエ・ド・フランス "ジャン・シリンジャー杯"」
で、メイン料理の課題が鱒だった。そのときに自分が考え出し、準
優勝した思い出の料理。鱒は火の入れ方が勝負。意図したのは、
鱒の繊細な身質と香りを生かすことだった。二つの生地で包んで火
入れすることで理想とする香りと身質が実現した。香ばしさと、しっと
り火の入った食感を出すことができ、香りも味わいも鱒の深みを余す
ところなく楽しめる。

　ソース・ジュヌヴォワーズと川魚は定番のクラシックな組み合わ
せ。昔、フランスでは川魚を多く使っていたため、古典の本にもよく
登場する。本をめくるうちに、川魚を研究したいとの思いが芽生えた。

　今回使用したのは、信州の鱒養殖魚「いぶきサーモン」。水産
資源の問題を考えて、養殖の鱒のおいしさを伝えていくことも、コン
クールでは自分のテーマとして置いていた。

　鱒は火の入れ方を繊細にしなければならない。試行錯誤の末、
理想の火入れを見つけ出した。

　店の前に広がる京都御所の明るく深い緑の色合いを出したいと、ピ
スタチオのパートを使ったところ成功。パートの中の麩が水分を吸収
するためじゃがいも独特の食感が楽しめる。鱒、シャンピニオン・デュ
クセル、オリーブ、ピスタチオ、じゃがいもの重層的な香りが楽しめる。

Droit ドロワ｜森永宣行　255

材料

鱒	540g
マッシュルーム	200g
エシャロット	40g
黒オリーブ	70g
バター	6g
麩	25g
ピスタチオ	100g
ピスタチオペースト	35g
じゃがいも	270g
薄力粉	5g
塩	2.5g
卵白	1/2個
米油	適量
バター	適量
エシャロット	40g
ジュニパーベリー	15粒
黒胡椒	15粒
赤ワイン	750g
赤ワインヴィネガー	30g
フォン・ド・ヴォー	230g

作り方

1 シャンピニオン・デュクセル黒オリーブ風味を作る。エシャロットのシズレをバターでスュエし、シャンピニオンのアッシェを油なしで水分が飛ぶまで炒めたもの、黒オリーブのピュレを順に合わせて作る。

2 麩とピスタチオのパートを作る。麩、ピスタチオ、ピスタチオペーストをロボクープにかけてまとめる。

3 鱒を3枚におろし、骨を抜き、皮を引き、背と腹に切り分け、背と腹を合わせてポーショネする。

4 アセゾネし、薄くファリネしてシャンピニオン・デュクセル黒オリーブ風味を背と腹で挟む。

5 外面全体に卵白をぬり、麩とピスタチオのパートで包む。

6 ジュリエンヌにしたじゃがいもをラップに並べ軽くアセゾネし、**5**を包み円筒形に成形して冷蔵庫で休ませる。

7 ソース・ジュヌヴォワーズを作る。

8 ジュリエンヌにしたじゃがいもをラップの上に広げ、じゃがいもが重ならないように**6**を巻く。

この状態で冷蔵庫で休ませる。

9 フライパンに米油を入れ、転がすように15分ほどかけてゆっくり全面を香ばしく焼く。鱒には間接的な加熱をしながらしっとりと最適な火入れをする。

10 半分にカットしドレッセする。

Droit ドロワ｜森永宣行

米のクルスタッド フェザンのピュレ ソース・シャンパーニュ・オ・トリュフ

Croustade de riz, purée de faisan,
sauce champagne et truffe

　ユルバン・デュボアの『エコール・ド・キュイジニエール』を勉強しているときに「米のクルスタッド ペルドローのピュレ」という料理を見つけて興味を持った。（今回はフェザンを使ったが、本で使われているのは、雉科の鳥、ペルドローのピュレ）。この料理を食べてみたい、そして作ってみたい。結果とてもおいしかった。

　今回は、雉の持つ独特の香りを相性の良いキャベツとフォワグラ、トリュフで膨らませ、香りの広がりで余韻を感じさせるように仕立てた。

　クルスタッドの精度がこの料理の一番のポイントとなる。米のケースのボリュームを抑えて薄く整えつつ、米の食感も楽しめるように仕立てる。

材料

米	400g
雉	1羽
キャベツ	60g
フォワグラ	20g
ベシャメルソース	80g
アルマニャック	適量
フォン・ブラン・ド・ヴォライユ	150cc
ローリエ	1枚
バター	8g
コダカ（ハードチーズ）	2g
黒トリュフ	適量
マッシュルーム	適量
エシャロット	2個
シャンパーニュ	750g
生クリーム	200g
塩	適量
白胡椒	適量
薄力粉	25g
全卵	2個
パン粉	150g

作り方

米のクルスタッド

1 ストウブのココットに米、水、フォン・ブラン・ド・ヴォライユ、ローリエを入れ火にかける。沸いたら蓋をしてオーブン180℃で23分加熱し、外に出して5分蒸らす。バターとコダカを加え混ぜる。

2 セルクルに詰め、形を作り、パネして170℃で香ばしく揚げる。揚がったら中心を抜きとりケースにする。

3 フェザンのピュレを作る。香ばしく、かつしっとりと焼いたフェザン、ジュ・ド・フェザン、ベシャメルソース、フォワグラ、キャベツ、トリュフを合わせる。

4 ピュレを米のケースに詰め、オーブン180℃で8分ほど加熱する。トリュフとシャンピニオンを丸く抜き並べる。

ソース・シャンパーニュ・オ・トリュフ

1 エシャロットのエマンセをバターでスュエする。

2 1にシャンパーニュを加え、1/3量くらいになるまで煮詰める。

3 2にフォン・ブラン・ド・ヴォライユを加えてさらに煮詰め、ジュ・ド・フェザン、生クリーム（乳脂肪分42%）を加えて少し火を入れる。蓋をして休ませる。

4 3を漉し、少し煮詰めて濃度を調整する。塩で味を調え、黒トリュフのエクラゼを加え混ぜて、白胡椒をふる。

盛り付け

1 ソースを敷き、中央にクルスタッドを盛る。

リ・ド・ヴォーと牡蠣のコンビネゾン
ソース・オ・ソーテルヌ

Combinaison de ris de veau et huître, sauce au Sauternes

リ・ド・ヴォーに海の要素を合わせたいと生み出した料理。ラングスティーヌやオマール海老などの甲殻類とリ・ド・ヴォーの組み合わせで作っているうち、牡蠣が合うのではないか、と閃いた。牡蠣もリ・ド・ヴォーも焼くと弾力があるが、味わいも食感も異なる。その二つを組み合わせたときにおもしろい効果が生み出されるのではないか。ソースは牡蠣と相性の良いソーテルヌ。ソーヴィニヨン・ブランを合わせることで酸味を調節する。

トリュフをピケしたリ・ド・ヴォーは香ばしく焼き上げてしっかりと食感と香りを出す。米油で下地の香ばしさをだしてから、後半にバターとハーブで香り付けする。ふんわり仕上げて、中を膨らますイメージで焼き上げる。

材料

リ・ド・ヴォー ················· 380g
牡蠣 ·························· 4個

賀茂なす ······················ 1個
千両なす ······················ 4個
アンチョビ ···················· 適量
トマト ························ 適量
EXVオリーブオイル ············ 適量
ソーテルヌ ···················· 500g
白ワイン（ソーヴィニヨン・ブラン）···· 250g
フュメ・ド・クラム ············ 50g
フォン・ブラン・ド・ヴォライユ ···· 80g
レモン ························ 適量
バター ························ 適量
塩 ···························· 適量
白胡椒 ························ 適量

作り方

1 リ・ド・ヴォーにトリュフをピケし、フィセルで閉じる。

2 塩と白胡椒をしてファリネし、油でまわりを香ばしく焼く。

3 香ばしく焼けたら、バター、ローリエ、タイムを加える。

4 ムース状のバターでていねいにアロゼしながらふんわりと火を入れる。

5 牡蠣は上面のみファリネして香ばしく焼き、下面は火を消して余熱で火を入れる。

6 ソーテルヌとソーヴィニヨン・ブランを煮詰め、フュメ・ド・クラム、フォン・ブラン・ド・ヴォライユを加え、さらに煮詰める。バターでモンテし、アセゾネする。

7 キャビア・ド・オーヴェルジーヌを敷き、その上にロティした賀茂なすを盛る。

8 リ・ド・ヴォーをカットする。

9 リ・ド・ヴォー、牡蠣を盛る。

10 ソース・オ・ソーテルヌをかける。

> Foie gras

鮎のガトー仕立て

Gâteau d'ayu

　鮎は塩をして焼いただけで十分おいしい。それだけで完成形となる鮎をフランス料理に仕立てるためにはどのように表現したらよいか。しっかり鮎を感じる料理を考え続けた結果生まれたのが、今回の料理。苦味を柔らかくする役割として、フォワグラと合わせ、アルコールを残したままラタフィアをジュレにして合わせた。ラタフィアが入ることで、少しずつ苦味と甘さを感じながら、香りと余韻を最後まで楽しめる。ガルニチュールのプルーンは赤ポルト酒とクローヴ、アプリコットは白ポルト酒とアニスで、それぞれアクセントをつける。鮎、フォワグラ、ラタフィアの重層的な味わい、鮎の青い香り、フォワグラの官能的な香りが余韻を残す。「ドロワ（まっすぐ）」の店名のように、美しいストレートな層を作ることに注力している。今では夏のスペシャリテとなったひと皿だ。

材料

鮎	20尾

バター	142g
フォワグラ	530g
ラタフィア・ド・シャブリ	200g
ゼラチン	6.8g
塩	適量
白胡椒	適量
プルーン	500g
アプリコット	500g
赤ポルト酒	300cc
白ポルト酒	300cc
スターアニス	2個
クローヴ	5本

作り方　鮎のクーシュ

1 鮎を掃除し、ウロコを除いて水気を拭き取る。フライパンに米油をひき、表面全体に香ばしい焼き色がつくようポワレする。

2 1の頭をはずし、フィレ、内臓、中骨、背ビレ、尾ビレの各パーツに分ける。

3 米油を170℃に熱し、2の背ビレ、尾ビレ、中骨、頭の順に、油の温度を調整しながら、それぞれ香ばしくしっかりと揚げる。

4 3の油をきり、2のフィレと内臓、バターのコンカッセ、塩を合わせてミキサーにかけてピュレにし、冷蔵庫で一晩寝かせる。

フォワグラのクーシュ

1. フォワグラ（鴨）の血管やスジをていねいに取り除き、開く。赤ポルト酒（トゥニーポルト20年熟成）、マデラ、塩、白胡椒をまぶし、冷蔵庫で一晩マリネしたものをラップに広げて円柱状に丸め、アルミ箔で包む。64℃、湿度100%のスチームコンベクションオーブンで20〜25分間蒸す。

2. 1を常温に置いて粗熱をとり、水で冷やす。さらに氷水で冷やし、その後冷蔵庫で二晩ねかせる。

仕上げ

1. 鮎とフォワグラの層を順にならし、しっかりと冷やし固める。

2. ラタフィア・ド・シャブリのジュレを流し、冷蔵庫で一晩冷やし固める。

3. 型をはずし、厚さ1cm、幅3cmに切る（鮎、フォワグラそれぞれの素材に合わせたバランスを検討し、その都度、割合や厚みを変更する）。

4. プルーンのコンフィとアプリコットのコンフィ、ドライプルーンに赤ポルト酒、クローヴを合わせる。ドライアプリコットは白ポルト酒とスターアニスを合わせ、それぞれゆっくり火入れし、冷ましてねかせたものを8mm角にカットし合わせる。

5. 中央にガトーを盛り付けて、ガルニチュール、塩を盛る。

◆ Filet de bœuf ◆

トゥルヌド アンリ4世

―

Tournedos Henri IV

　まず、名前に惹かれた。「トゥルヌド アンリ4世」とは何か？　どういう食べ方をしたのか？　自分ならどういう料理を作るかを考えた。トゥルヌドは、溶岩グリルで自分の理想の火入れを実現できた。焼き具合を常に手で感じながら、溶岩グリルやフライパンで交互に焼き、合間に休ませるなど、均一に同じ温度で火を入れるのではなく、波のある焼き方をすることで肉に複雑性を生む。厚みを持った肉で焼いたところ、すっとナイフが入り独特な食感と旨みを出せた。

　合わせるソース・ベアルネーズに関しては、オリーブオイルを加えることで青い風味を出し軽やかにした。今回は、別の酸味もほしいと考え、もう1種類のソースとして、ボルドレーズを合わせた。あくまでもベアルネーズを主体に、アクセントにボルドレーズを加え、2種類のソースを添えることで異なるニュアンスが楽しめるように仕立てた。

材料

牛フィレ肉	500g
アーティチョーク	2個
じゃがいも	2個
エシャロット	1/2個

ソース・ベアルネーズ

白ワインヴィネガー	30g
白ワイン	60g
エストラゴン	5本
卵黄	4個
澄ましバター	35g
EXVオリーブオイル	35g
白胡椒	適量

ソース・ボルドレーズ

赤ワイン	750g
フォン・ド・ヴォー	200g
バター	適量
黒胡椒	適量

作り方

1. 牛フィレ肉をカットしフィスレする。

2. 溶岩グリルでグリエする。

ソース・ベアルネーズ

1. 鍋にエシャロットのシズレ、白ワインヴィネガー、白ワイン、エストラゴン、白胡椒を入れ煮詰める。

2. ボウルに1と卵黄、水を入れ湯煎にかけ、澄ましバターとオリーブオイルで繋げて、パッセする。

ソース・ボルドレーズ

1. エシャロットのエマンセを、少量のバターでスュエする。

2. ほんの少し香ばしさがついたら、赤ワイン（ボルドー産。メルロー100％のもの）を入れて1/8量程度まで煮詰める。

3. 2にフォン・ド・ヴォーを加え、1/3量程度まで煮詰める。

4. 3に継ぎ足し用のソース・ボルドレーズ*を入れて沸かし、火から下ろす。蓋をして1時間ほど休ませパッセする。

＊前回作ったソースと新たに作ったソースを継ぎ足して使用することが多く、ソース・ボルドレーズの場合は、継ぎ足しながら使い続けている。

5. 少量のバターでモンテして、塩、黒胡椒で味を調整する。

Homard

オマールブルトン ニューバーグ

Homard Breton Newburg

　エスコフィエの『料理の手引き Le Guide Culinaire』に掲載されている料理。ソースの特徴としてマデラ酒を加えることに注目した。濃厚なソースであるが、軽やかに表現したいと思い、濃度と糖度の調整を試みた。卵黄や粉は使わず仕立て、マデラ酒はミディアムドライを使いバランスをとる。

　オマールの甘さが一番引き立つ焼き方を研究し、オマールの胴体はぷりっとした食感になるように火を入れ、殻を蒸し焼きにして香ばしさと瑞々しさを出す。濃厚で深い味わいが特徴だが、軽やかさも出したい。両立させるため、ガルニチュールにはポルト酒に漬けたメロンを添え、パプリカの明るいピュレを敷く。見た目にも開放感があり、動きが感じられるソースを添えた。

材料

オマールブルー	2尾
パプリカ	4個
根パセリ	3本
白ポルト酒	30g
タイム	2本
バター	適量
メロン	1/4個
コニャック	30g
マデラ酒	100g
フォン・ブラン・ド・ヴォライユ	200g
タイム	1枚
ローリエ	1枚
フェンネル	1枚
生クリーム	100g

作り方

1 オマール（フランス・ブルターニュ産）を掃除し、頭、胴、腕と爪、コライユに分ける。胴は殻付きのまま半割にする。腕と爪はポシェする。

2 ソース・ニューバーグを作る。オマールの殻にしっかりと火を入れる。

コニャック、マデラ酒を順に加える。

フォン・ブラン、タイム、ローリエ、フェンネルを加えて煮詰める。

パッセし、生クリームを加えさらに煮詰める。

3　2の胴の身側に塩をふり、薄く薄力粉をまぶす。フライパンに少量の米油を熱し、身側を下にして殻を上から押さえつけて蒸し焼きのイメージで焼く。

4　香ばしい香りが出始めたところでバターを加え、そのまま殻を押さえつけて焼く。

5　4に焼き色がついたら、フライパンのバターを拭き取り、面を返して殻を下にした状態で休ませる。

6　根パセリのムースリーヌとパプリカのピュレを作る。

7　メロンをくり抜き、白ポルト酒、タイムでマリネする。

8　すべてを盛りつける。

Dessert

そば粉のガレット "ザ・ブルターニュ"

THE BRETAGNE

　以前、郷土料理の店の立ち上げに携わり、4年近くガレットを毎日焼いていた。看板料理の一つがガレットだったため、ブルターニュに勉強に行ったりさまざまなガレットを食べ歩いて独学で研究していった。そば粉は、日本でもフランスでも愛される食材だが、異なる料理として表現される。それを自分のひと皿にしたいと思った。

　独立後、ガレットを使ったアミューズやデセールを出していたが、ある企画でフランス菓子研究家の大森由紀子さんからフランスの地方菓子をレストランのデセールに変身させていくというテーマ依頼を受けた。これは、ガレットしかない、とはちみつの酒シュシェン、キャラメルブールサレ、ラ・フランスを敷き、ブルターニュの要素をすべて詰め込んで構成。命名も大森さんにしていただいた。皿との空間を計算し、動きが出るフォルムでインパクトの強いガレットを表現した。香り高い蕎麦粉の余韻を楽しんでほしい。

材料

そば粉	300g
塩	10g
はちみつ	10g
シードル	50g
水	587cc
全卵	1個
卵黄	1個
洋梨	1個
洋梨オー・ド・ヴィー	適量
レモン	適量
砂糖	100g
有塩バター	40g
生クリーム	100g
シュシェン	300g
白ワイン（シャルドネ）	150g
コリアンダーシード	8粒
レモンタイム	1枚
ライム	適量
そばの実	適量

作り方

1 そば粉（長野県産。石臼挽き粉と機械挽き粉の2種を配合）をボウルに入れ、塩を加えて混ぜる。全卵、はちみつ、シードルを順に加えて混ぜ合わせ、水を少しずつ加えて混ぜ合わせる。冷蔵庫で二晩寝かせる。

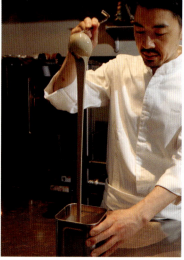

2 クレープパンにバターを熱し、1を薄く流してガレットを焼く。広げて冷ます。

3 ガレットを長方形に
カットしセルクルに
巻き付ける。

4 オーブン80℃で8分
焼く。

5 ソース・オ・シュシェンを作る。

6 ソース・キャラメルブールサレで線を引き、その上に2種のそばの実を盛る。ラ・フランス、ガレット、グラス・ア・ラ・ヴァニーユを順に盛り、ソース・オ・シュシェンを流す。

Droit ドロワ｜森永宣行　281

全国の一流シェフ御用達、元料理人の経験を活かして魚介を和歌山から発信

カネナカ水産 中井一統さん ✕ **シェ・イノ** 手島純也さん

大卸売業者から水産物を買い取って卸売りする仲卸業者「カネナカ水産」。約100年前に創業した曾祖父の店の分家として、祖父から両親へと受け継がれ、現在、和歌山市中央卸売市場に店を構える。「hôtel de yoshino」時代の手島純也シェフが信頼する中井一統社長に和歌山の食材の魅力を語ってもらった。

手島 「hôtel de yoshino」シェフ時代、「オマージュ」の荒井昇シェフに食事に来ていただいた時、朝、市場に出かけたら中井さんが声をかけてくれたのが最初の出会いです。

中井 手島シェフが和歌山に赴任したばかりの頃、新聞にインタビューが載っていたのを覚えていて、「新しく来られたシェフですよね」と声をかけたんです。

手島 和歌山に来て市場に通い始めた2008年頃でした。フランスから帰ってきたばかりで、日本のこともわからなかったし、フランスでは魚料理の経験がほとんどなかった。雨が降ろうと毎日市場に通っていました。

中井 「hôtel de yoshino」とは、父の時代に取引があったのですが、しばらく関係がストップしていたんです。「以前は取引があったんです」という話をしたら、「1回注文してみます」とオーダーをいただきました。

手島 和歌山のことを熟知されているし、人脈をお持ちですからいろいろな方を紹介していただき助かりました。

中井 手島シェフは和歌山に赴任後活躍されて県外からお客様が訪れ、東京でも注目度が高かっ

カネナカ水産株式会社
和歌山市西浜1660-401
TEL : 073-445-7628
kazunori.nakai36@gmail.com

た。東京のシェフを紹介していただくことも多く、ありがたい限りです。

手島 中井さんは元フレンチの料理人だったので、魚のことを熟知しています。フランス料理で使いたい魚介についてご理解いただけたのは大きかったですね。フランス料理のクラシックは魚が弱い。フランスの星付きレストランではほとんど魚を使いません。チュルボーかソール。それに伴うソースが変化するだけで、バリエーションは乏しいですよね。ブール・ブラン、ヴァン・ブランと合わせると中井さんの魚はほんとうにおいしい。

中井 私の代になってからは、魚だけではなく、野菜、調味料、加工品、また、食肉販売業許可を取得したので、ジビエや和歌山のブランド牛など、和歌山産の食材全般を扱うことになりました。取引先は日本国内だけではなく、貿易会社と組み、主にタイ、アメリカ、カナダに魚を輸出しています。

手島 なぜ肉や野菜のビジネスもやってるんですか、と聞かれませんか？

中井 いい魚を仕入れるためです。なぜかというと、水産業は、天候にかなり左右されるので、常にビジネスとして安定する商材を持つことで運転資金を確保でき、そのおかげで上質の魚を皆さんのためにせり落とせるようになりました。

手島 2年ぐらい市場に通って様子がわかるようになったので、以後は電話で「今日何があります」と教えていただき、お願いしていました。和歌山の良いところは瀬戸内と太平洋と両方の魚が捕れることですよね。和歌山の食材のクオリティはほかの追随を許さない。今後もどうぞよろしくお願いします。

Le Club de L'Héritage Culinaire Français

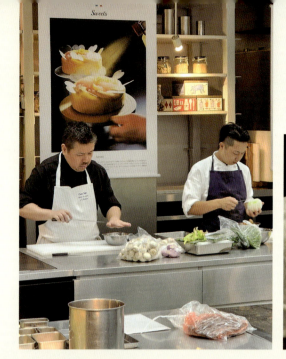

クラブ・ドゥ・レリタージュ・キュリネール・フランセ事務局

〒150-0002　東京都渋谷区渋谷2-6-1　ウインド渋谷1F

clubheritage508@gmail.com

まごころ、Quality

トリュフ、キャビア、フォアグラなど

高級食材のことなら「鯉沼商会」へ

まごころとともに、高品質な食材をお届けいたします。

有限会社 鯉沼商会

〒135-0022　東京都江東区三好2-1-8
TEL. 03-5245-8569　FAX. 03-5245-8580
https://koinuma-japan.com/

Les membres du Club
de l'Héritage Culinaire Français

石井 剛 *Go Ishii*

東京都生まれ。エコール 辻 東京からフランス校へ。卒業後、東京・青山「アテスエ」で経験を重ね、1998年、再度渡仏。三つ星「ジョルジュ・ブラン」などでの4年間の修業後、「モナリザ丸の内店」に入り、2005年料理長に。2008、2009年「ル・テタンジェコンクール・ジャポン」2年連続準優勝（現在は審査員に）。2010年3月、「アテスエ」跡地に「モノリス」をオープン。

Monolith
モノリス

東京都渋谷区渋谷2-6-1 ウインド渋谷1F
TEL：03-6427-3580
http://neo-monolith.com/

手島純也 *Junya Teshima*

山梨県生まれ。甲府の老舗フランス料理「キャセロール」で修業後、2001年、26歳で渡仏。「ステラマリス」で吉野建氏に師事。その後、5年間にわたり、三つ星レストランから下町のカフェまで、フランスの食についての知識と技術を学ぶ。2007年2月に帰国、パークホテル芝「タテル ヨシノ」料理長、同年9月に和歌山「hôtel de yoshino」料理長に就任。2022年10月より「シェ・イノ」料理長。「ミシュラン和歌山2022」にて一つ星獲得。農林水産省料理人顕彰制度料理マスターズシルバー受賞。第15回辻静雄食文化賞専門技術者賞受賞。

Chez Inno
シェ・イノ

東京都中央区京橋2丁目4-16 明治京橋ビル1階
TEL：03-3274-2020
https://www.chezinno.jp/

関谷健一朗 *Kenichiro Sekiya*

千葉県生まれ。専門学校卒業後、ホテルでの経験を経て、2002年に渡仏。2006年よりパリにある「ラトリエ ドゥ ジョエル・ロブション」に勤務。26歳でスーシェフに。2010年、東京・六本木の「ラトリエ ドゥ ジョエル・ロブション」のシェフ着任。2018年11月「第52回〈ル・テタンジェ〉国際料理賞コンクール インターナショナル（パリ）」優勝。2021年11月「ガストロノミー"ジョエル・ロブション"」のエグゼクティブシェフ（総料理長）に就任。2023年、料理部門M.O.F.受章。2024年フランス農事功労章シュヴァリエ受章。

Château Restaurant Joël Robuchon
シャトーレストラン ジョエル・ロブション

東京都目黒区三田1-13-1 恵比寿ガーデンプレイス内
シャトーレストラン ジョエル・ロブション
TEL：03-5424-1338　03-5424-1347
https://www.robuchon.jp/

ルノー・オージエ *Renaud Augier*

フランス・グルノーブル出身。「ジョルジュ・ブラン」「ルイ・キャーンズ」など数々の三つ星レストランで修業を重ね、「トゥールダルジャン パリ本店」を経て、2013年春に「トゥールダルジャン 東京」のエグゼクティブシェフに就任。2019年M.O.F.受賞。日本在住のシェフがM.O.F.に選ばれるのは37年ぶり。

伊藤 翔 *Sho Ito*

秋田県生まれ。高校卒業と同時に横浜の「霧笛楼」にて料理の道をスタート。肉料理には骨からとったソースが添えられ、野菜も果物も皮や種まで余すことなく活用してひと皿が仕上がるフランス料理の奥深さに惹かれ、7年間じっくり腰を据えて基礎を身につける。2015年、単身フランスへ。パリの「ドミニク・ブシェ」にて1年間勤務しながら本場の味を学ぶ。帰国後、「レ・コパン ドゥ ドミニク・ブシェ」のオープニングに携わり、翌年シェフに就任。22年より「ドミニク・ブシェ トーキョー」エグゼクティブ・シェフ。

Tour d'Argent Tokyo
トゥールダルジャン 東京

東京都千代田区紀尾井町4-1 ホテルニューオータニ
ザ・メイン ロビィ階
TEL：03-3239-3111
http://www.tourargent.jp/

Dominique Bouchet Tokyo
ドミニク・ブシェ トーキョー

東京都中央区銀座1-5-6　銀座レンガ通り
福神ビル2F
TEL：03-6264-4477
https://www.dominique-bouchet.jp/

栗田雄平 *Yuhei Kurita*

東京都生まれ。東京の著名レストランで研鑽を積み渡仏。帰国後、乃木坂の「レストランFEU」で7年間副料理長として務め、その後「ロテスリーレカン」料理長を経て2020年、銀座レカン 8代目料理長に就任。「ミシュランガイド東京2023」において一つ星獲得。

Ginza L'ecrin
銀座 レカン

東京都中央区銀座4-5-5 ミキモトビルB1
TEL：03-3561-9706
https://lecringinza.co.jp/lecrin/

中秋陽一 *Yoichi Nakaaki*

東京都生まれ。服部栄養専門学校を卒業後、恵比寿の「モナリザ」を経て渡仏。名だたる星付きレストランで4年半研鑽を積み、帰国後に独立。クラシカルスタイルのフランス料理を得意とする。2017、2019年の「パテ・クルート世界選手権アジア大会」4位入賞。

à table
ア・ターブル

東京都文京区湯島3-1-1 木村ビル1F
TEL：03-5812-2828
http://atable-tokyo.co.jp

福田耕平 *Kohei Fukuda*

青森県出まれ。武蔵野調理師専門学校を卒業後、「明治記念館」に就職。「メートル・キュイジニエ・ド・フランス"ジャン・シリンジャー杯"」「パテ・クルート世界選手権」など数々のコンクールに挑戦。「パテ・クルート世界選手権」では、2018年、アジア大会で準優勝、2019年、アジア大会で優勝したのち、2021年に決勝大会で優勝。シャルキュティエとして活躍。

Metzgerei SASAKI
メッツゲライササキ

東京都大田区田園調布3丁目1-3
TEL：03-5755-5971
https://www.metzgerei-sasaki.shop/

森永宣行 *Nobuyuki Morinaga*

佐賀県生まれ、大阪で育つ。大学卒業後、大阪「ルール ブルー」、京都「ベルクール」で修業。卸売市場の鮮魚店を経て、飲食店数件の立ち上げに携わり、京都のフランス料理店で料理長を3年半務める。2017年に京都御所前で「Droit」を開業、オーナーシェフに。2018年より6年連続ミシュランガイド一つ星を獲得。ゴ・エ・ミヨに5年連続掲載。2020年よりニュージーランド・オーラキングサーモン社のアンバサダーを務める。2023年第20回メートル・キュイジニエ・ド・フランス"ジャン・シリンジャー杯"準優勝。

Droit
ドロワ

京都府京都市上京区東桜町49-1
TEL：075-256-0177
https://droit-kyoto.jp

フランス伝統料理の継承
未来に向けて進化する古典フランス料理
63のルセット

編集協力	カネナカ水産株式会社／有限会社鯉沼商会／タカナシ販売株式会社
発行日	2025年3月31日　初版発行
著者	Le Club de L'Héritage Culinaire Français（ル・クラブ・ド・レリタージュ・キュリネール・フランセ）
発行人	早嶋 茂
制作者	井上久尚
発行所	株式会社旭屋出版
	〒160-0005
	東京都新宿区愛住町23-2 ベルックス新宿ビルⅡ 6階
	電話　03-5369-6423（販売）
	03-5369-6424（編集）
	FAX　03-5369-6431（販売）
	旭屋出版ホームページ　https://asahiya-jp.com
	郵便振替　00150-1-19572
編集・取材	山下美樹
デザイン	マツダオフィス（内田優花）
撮影	後藤弘行（旭屋出版）
印刷・製本	株式会社シナノ

ISBN978-4-7511-1533-6 C2077

定価はカバーに表示してあります。落丁本、乱丁本はお取り替えします。
無断で本書の内容を転載したりwebで記載することを禁じます。
©Le Club de L'Héritage Culinaire Français, 2025 Printed in Japan.